人生はあるあるである

レイザーラモンRG
Razor Ramon RG

小学館よしもと新書

人生はあるあるである

目次

序章

「逆境」あるある……
人間を成長させがち

僕は二〇〇九年にツイッターを始めて、フォロワー数は現在、十五万人（二〇一六年七月現在）いる。だが、最初は百人ちょっと。つまり、もともと有名人で、始めた瞬間に数日で数万人のフォロワーが集まるという状況ではなかった。ただ当初から、少しずつではあるがフォロワーさんから〝あるある〟のお題をもらってそれに返すということをやっていた。たとえば「『テレビのリモコン』あるあるお願いします」「電池のフタなくなりがち♪」のように。

僕にしかできないことが何かをはっきりと自覚したのは、二〇一一年三月十一日、東日本大震災の日だった。その日の夜、僕は東京・渋谷の『ヨシモト∞（無限大）ホール』で二十三時から朝五時まで、あるあるをオールナイトで歌い続けるという荒行ともいえるイベントを開催する予定だった。しかし午後二時四十六分、地震が起きた。東京都内の交通機関がストップし、当然イベントは中止になった。帰宅難民が東京の街に溢《あふ》れ返るなか、数時間かけて歩いて帰ったという人はまだよかった。遠方からイベントに来てくれていたお客さんは家に帰れなくなってしまったのだ。

「帰れません」、「どうしましょう」、「マンガ喫茶にひとりでいます」、「カラオケボックスでとりあえず一夜を明かします」。そんなお客さんたちの悲痛なメッセージが、僕のツイッターに続々と書き込まれた。当時、僕のライブに来てくれるお客さんは、まだ市民権のなかった僕のあるあるを、人気はないけれど、でも聞きたいという強い想いを持って東北や九州からも来てくれている人たちだった。なんとかこの人たちに恩返しができないものか。この日は交通機関も遮断されていて、僕も身動きが取れない。その時、僕にできることはひとつだった。

「みんなにツイッターであるあるを返して励ますから」とつぶやき、僕は夜が明けるまで夢中であるあるを返し続けた。翌日以降も余震が続き、テレビでは津波の被害や原発事故の被害の大きさが明らかになっていった。そんななか、ツイッターでは「行方不明者を探してほしい」、「ここに物資が足りないので拡散してください」といった抜き差しならないつぶやきが飛び交い、デマもたくさん流れ始めた。それに対して、正義感が強い芸能人の方々がツイッターで反応するということが続いていた。だが僕は、それには一切返すことができず、流れていくツイートを、ただただ複雑な想いで眺めていた。

僕にできることは何だろう。

考えた末に、ツイッターに書き込んだ。「辛《つら》い思いをしている方が少しでも笑顔になれたらと思って、あるあるをつぶやきます。不謹慎だと思う方はフォローを外してください」。僕が今できることはやっぱりこれしかない。こうして、お題をいただいてあるあるを返す、本当の「あるある荒行」が始まった。余震が続き、不安で眠れない人たちのためにたびたび寝落ちしながらも、夜中、何百というお題にあるあるを返した。その頃は他の仕事も全部飛んでしまっていた。ツイッターでお題に答え続けることだけが僕の仕事だった。ちなみにその時、ツイッターで僕と同じようなことをされていたのがデーブ・スペクターさんだった。デーブさんはただただ、フォロワーにダジャレをひたすら返していた。

ツイッターのやりとりを二週間ぐらい続けた頃、天津《てんしん》の木村《きむら》（卓寛《たくひろ》）からメールが来た。

「僕も何かお役に立ちたいです。でもエロ詩吟では今は何もできません。悔しいです」。

僕は、「今は俺が頑張るから、もしちょっとずつ落ち着いて復興してきたら、お前の出番やからな」と返した。すぐさま木村から返信が来た。「わかりました。『あるある』

頑張ってください」。

世の中が落ち着いてきた頃、木村はエジソンやライト兄弟になったという設定のエロ詩吟や井上陽水《いのうえようすい》のモノマネでエロ詩吟を吟じたりと、今までの鬱憤を晴らすかのようにクリエイティブなエロ詩吟活動を始めた。

当時、僕の元へバッシングもあった。「みんなが悲しんでいる時にふざけたことをするな」「貴重な電気を使うな」という声。そんななか怒りを露《あら》わにして「RG、いい加減にしろ！」とツイートしてきた大学生がいた。それに対し「俺はお笑い芸人だから、これしかできない。今すぐ被災地には行けないし、今落ち込んでいる人たちをなんとかしたいという気持ちであるあるをやっている。僕のつぶやきを見るのが嫌だったらフォローを外してくれ」と答えた。すると本人ではなく、その学生の友達から「責任感の強い熱い奴なんです。今、教師目指して頑張ってるところなんです」というつぶやきが返ってきた。普段通りに過ごしていたら、ツイッターでこんなやりとりが交差することはなかっただろう。

いろんなお題がバンバン来て、必死で返していた。返さなきゃ、という気持ちだった。「あるあるハイ」のような状態のまま、夜通しあるあるを返し続けていた。気がついたら、フォロワー数が一気に増えていた。

余震が落ち着き、その後だいぶ月日が経ってからのことだった。怒りをぶつけてきた大学生本人から「無事に教師になりました。あの時は心ないこと言ってすみませんでした」とメッセージが来た。辛い時のことほど染み込むのだ。ホットケーキの上にバターをのせてもなかなか染み込まないが、ナイフで切れ目を入れるとよく染み込む。これもあるあるである。

その後もツイッターであるあるを返し続ける「あるある荒行」に励むうち、次第に僕は、「万物にあるあるはあるのではないか」と思い始めていた。すでにあるものだけれど、まだみんなが気づいていないあるあるの部分を「こう見ます」という感じで浮き立たせる。まるで化石を掘り出す作業のように。それはつまり、万物にあるあるは必ず「ある」と信じて、ひとつだけ見つけ出す——。

そしていつの間にかあるあるに関する仕事が増え、気づけばあるあるはそれまで長い長い下積み時代を送っていた僕の、たったひとつの、しかし欠かせない武器になっていた。つまり、あるあるは僕にとってのたったひとつのあるあるになっていたのだ。

誰にも思いつかないボケや、切れ味鋭いツッコミができるわけでもない。正統派のしゃべくり漫才ができるわけでもない。演技力のあるコントができるわけでもない。センスある大喜利ができるわけでもない。むちゃくちゃブサイクでも男前でもない。東大や京大卒といった高学歴でもない。スポーツで何か活躍したわけでもない。美味《うま》い料理も作れない。昔とんでもない不良だったわけでもない。つまり、際立った才能があるわけではない人間が、この群雄割拠の、サイクルの早いお笑いの世界でサバイバルしていくには一体どうしたらいいのか――悩み続けた僕がいつの間にか手にしていたのは、あるあるという武器だった。

思えばそれは「いろんなことを知りたい」、「うまく歌いたい」、「周りを楽しませたい」という小学校の頃から無理せず自然にやっていたことの積み重ねだった。僕は三十年以上ずっとあるあるの修行をしていたようなものだ。何かを何十年もやり続ければ皆何かのプロフェッショナルだと自信を持って、自分で認めていいと思う。この芸のおかげで何をやるにも自信が持てるようになった。そして、自信がない精神状態で何をやってもうまくいかないことがわかった。

あるあるを見つけることは、物事をじっと見て、肯定的に捉えることだ。あるあるは、価値観の異なる他人のなかで生き抜こうとするすべての人の道を明るく照らしてくれるはずだ。決して順風満帆ではなかった。でも、信じて歩んだ先には必ず道ができる。

これから、僕自身が子どもの頃から環境に適応しながら、自分の生きる道を見つけていくためにやっていた「あるある探し」の醍醐味《だいごみ》と歓《よろこ》びを綴《つづ》っていこうと思う。この本が、読んでいただいた方にとっても、少しでもあるあるだと思っていただけたら幸いである。ちなみに、震災の余震が続くなか、がむしゃらにあるあるを返していたうちに、大変な数、リツイートされたものがある。それは、僕の人生の下積み時代のすべてを表しているような、人生を肯定するあるあるだ。

「逆境」あるある……人間を成長させがち。

第1章

あるあるとは何か

道端の小石に名前をつける

『サラダ記念日』（一九八七年）は俵万智《たわらまち》先生の大ベストセラーとなった短歌集だ。

「『この味がいいね』と君が言ったから七月六日はサラダ記念日」

本のタイトルにもなっているこの有名な短歌は、今さら僕が説明するまでもないのだが、「なんでも記念日にしたがりがち」という女性心理の絶妙なあるあるが入っている。「七月六日」というのも、本当になんでもない日だから選ばれたのだと思う。

また、この本のなかにはこんな歌もある。

「今日までに私がついた嘘《うそ》なんてどうでもいいよというような海」

これも素晴らしい。言いたいことは決まっていて、それをなかなか言わない。これはまさに僕の「あるある、早く言いたい」と同じ構造だ。その俵先生が、『ジョブチューン』というネプチューンさんの番組の「日本語の使い方がうまいアーティスト・ベスト3」というランキング企画で、三位・中島《なかじま》みゆき、二位・桑田佳祐《くわたけいすけ》、そして一位に、なんと、レイザーラモンRGを選んでくださったのだ！「俵万智が選ぶ日本語の使い方がうまいアーティスト、一位は？」でCMをまたいで一位が発表され、スタジオは「え、RG？」とどよめいたが、俵先生の次の一言に、僕は救われた。

「RGさんがやっていることは道端の小石一つひとつに名前をつける作業ですね」

ケータイが熱くなるまで毎晩やっていた「あるある荒行」は無駄じゃなかった。しかも「道端の小石の一つひとつに名前をつける」という作業には、つけられるもの自体に優劣がない。僕がやっていることの意味を気づかせていただいた。それから、僕も俵先生と同じくらい言葉を大事に考えなきゃいけないと思い、ツイッターの自分の〝職業欄〟を俵先生と同じく「歌人」としている。その俵先生に、「鏡の前に立つ師匠、後ろで控える弟子、その情景が浮かんで、行間からじわじわ来るのがいい」と言っていただいたのが次のあるあるだ。

「歌舞伎」あるある……歌舞伎役者のベテランは、鏡ごしに弟子を怒りがち。

「いい歌詞」もあるある

山崎《やまざき》まさよしさんの『One more time, One more chance』（一九九七年）という曲に出てくる歌詞で、「いつでも捜しているよ」「交差点でも夢の中でも」といったのも、失恋した後にやることはだいたいみんな一緒だという男目線の「失恋」あるあるだ。「向いのホーム　路地裏の窓　こんなとこにいるはずもないのに」は、向かいのホーム、みたいにちょっとだけ具体例を出すというのがあるあるで、さらに感情が入るのが「明け方の街　桜木町《さくらぎちょう》で」というところ。具体的な町の名前を出す。「こんなところにいるはずないのに、どこか遠くで別れたあの子が、いるかもしれん」と思う。男ってしつこいのだ。でも、この曲のおかげで、桜木町に行った時は「ああ、ここか」と思うようになった。

他に地名をよく歌詞に出す人では、椎名林檎《しいなりんご》さんもそうだ。『罪と罰』（二〇〇〇年）の「朝の山手通《やまてどお》り」。共感がより身近な感覚に変わっていく。「椎名林檎さん」あるあるは「地名と個人名を言いがち」だ。個人名もシド・ヴィシャスやベンジーなど、趣味が限定的。そうすると、ファンを選ぶ。わかる人はグッと引き寄せられる。「私が聞いてもらいたいのは、これがわかる人」というようにしたのだと思う。

恋愛の歌を歌うａｉｋｏさんも深いあるあるを言っている。『カブトムシ』（一九九九年）は、恋をする自分を木に登るカブトムシにたとえている。だから、彼氏が木で、甘い匂いっていうのが、彼氏の口元なのだろう。「誘われた　あたしはかぶとむし」やっぱり深い。ミスチル（Mr.Children）は最高の「恋愛」あるあるを言っている。西野《にしの》カナさんも然《しか》り。書くことすべてがあるあるになっている人がいる。レコーディングエンジニアやプロデューサーが読むある雑誌に、L'Arc-en-Ciel《ラルクアンシエル》のｈｙｄｅ《ハイド》さんが、い意味で「こうすれば喜ばれる」という曲の作り方がわかっていると語っている記事を読んだ。それは今まで聴いてきたものを吸収した結果、「喜ばれる曲」あるあるを持つに到ったのだと思う。

僕のあるあるは、ヒット曲に乗せて「あるある言いたい」と歌い、サビの部分の最後にあるあるを言うスタイルだ。あるあるを言いやすい曲はいろいろ試した。やはり、Ａメロ、Ｂメロ、サビといったふうにちゃんと作ってある曲ほど歌っていて楽しい。相川七瀬《あいかわななせ》さんの『夢見る少女じゃいられない』（一九九五年）という曲は、「街中にBang! Bang! Bang! Bang!」みたいな区切りがひとつちゃんとあり、最後に、「夢見る少女じゃいられない」というサビのサビみたいな部分がある。だから、「ラストの『夢見る少女じゃいられない♪』に向けてあるあるを言おう」となる。ピタッと的を絞りやすい。

そう考えると、ちゃんと作られた歌謡曲のよさを、あるあるを歌うことで逆に知ることができる。J－POPといわれるものや、昔の歌謡曲に乗せるのはやはり楽しい。パンクバンドとかラップとなると難しい。皆が知らない曲にあるあるを乗せるとやはり盛り上がりに欠けるが、それをうまく活かせる方法は、ひとつある。それは、イントロから完璧に歌い上げて、その曲を再現し、サビで完璧にあるあるをメロディーに乗せることだ。「今まで知らなかった曲だがRGが歌ってるから好きになった」と言われるのは、「面白い」と言われるよりうれしい。

「古い地名」あるある

自然現象のあるあるも森羅万象にある。雲の動きや潮の流れ、たとえば貿易風が弱まるとエルニーニョ現象が起こって、イワシが減って……とあるあるが連鎖していく。そういった天変地異は、太古から記録が残る。そしてそういう経験も体系化していったのが占いだ。政治も占い師に頼っていた時代があった。

災害で言えば、過去に三陸地方で地震があった時に津波がここまで来たから絶対に住むなという場所を持つ町がいくつかあった。東日本大震災の時、神社だけ津波に流されず残っている地域がいくつかあるのだが、神社を建てた人はここは安全だとわかっていたそうだ。しかし近代になり土地を拡張するために海を埋め立て、そこに津波が押し寄せた。

二〇一四年八月の広島の土砂災害も、かつては危険を知らせるような名前がついていた土地があるそうだ。土砂災害が起こった山には中腹に棲《す》む大蛇が人里に下りてきて悪さをしていたという伝説があり、昔はその大蛇にちなんだ地名だったという。その大蛇が土石流のことだったという説もある。つまり危険をあるあるで知らせていたのだ。「ここは危険な地域だ、災害がよく起きる場所だ」というあるあるを先人たちは地名として残していたのに、後の世代がそれを変えてしまった。

だから、あるあるはデータだともいえる。祖先は何千年という時間をかけてあるあるを残してくれているのに、それを軽視した結果、いろいろな被害を生んでいるのではないかとも思うのだ。昔からの知恵こそ大切にしないとならない。地名という方法で伝えていこうとしたその土地のあるあるを語り継いでいかなくてはならない。目先のことにこだわり大切なことをなくしてしまうのは、本当にもったいないと思う。

人よりちょっと深いことを言う

僕が目指しているのは、「人よりちょっと深いあるある」だ。実は小籔千豊《こやぶかずとよ》さんが芸人になりたての頃、ある先輩に、「小籔、お前は人よりちょっと深いあるあるが言いたいんやろ」と言われた話を若い頃聞いた。当時は、「へえ、そうなんですね」と、軽い相づちで流してしまったが、あるあるで商売している今となっては深くうなずける言葉である。

「いい言葉」あるある……あとになってわかりがち。

その小籔さんが、僕の言ったあるあるに反応してくださったことがあった。番組で「アリ」のあるあるがお題になった時のこと。僕はいつものように「『アリ』のあるある、早く言いたい♪」と引っ張って、オチは、「赤いアリ　小さいわ」と歌った。日頃思っていた、小さいアリが赤いということをあるあるにした。僕はスタジオには行っていなかったので反応はわからなかったが、小籔さんが後で、「あれ、めっちゃよかった！」と言ってくれたのだ。「人よりちょっと深いあるある」を目指しているという小籔さんに認められたことが、僕にはすごくうれしかった。

「ちょっと深い」あるあるで、他にも「抗議文」あるあるというものがある。これも言って気持ちがよかった。言葉をインターネットで検索すると今は画像も出てくる。「抗議文」を検索し画像を見て、「筆ペンだな」や「手書き」というあるあるを考える。しかしそれでは普通だ。頭の中のあるあるトーナメントを経て、最後にあることが浮かぶ。意外とファックスで送っとんな。そこで、「いまだにファックスで送りがち」というあるあるにした。「ファックスで送りがち」でもいいのだが、そこに「いまだに」と一言添えることによって、少し「抗議文」のうっとうしいイメージが加わる。

ツイッターには、〝RGあるあるｂｏｔ＠RG_aruaru_BOT〟というアカウントがあり、どなたかが選んでまとめてくれている。人気だったのは「午前三時」あるある。「開いてるラーメン屋がグンと減りがち」。生活スタイルによるとは思うが、深夜に働いている人にしたら、小腹が空く三時以降、開いているラーメン屋が急に減るのは堪《こた》えるものなのだ。これは、深夜に活動している人をピンポイントに攻めたあるあるだ。「人よりちょっと深い」に人は反応する。たとえばネットで「あるある」と検索したら、「地方あるある」がたくさんヒットする。『秘密のケンミンＳＨＯＷ』のような番組が人気が出ることも同じだ。「鳥取ではオレンジ色の水着着がち」みたいなやつだ。国のあるあるだと広すぎるし浅すぎる。県単位のあるあるは共感しやすい。自分の出身地以外のことを知りたいという動機で、その違いや変わっている部分も笑えるし、笑われたほうも「別に笑っていいよ」と思う。普段なら差別と言われるようなところを笑いが救う場合もある。

ただ、「ちょっと深い」を探るには、ベタなことも理解していないといけない。基本をちゃんと押さえることは重要だ。その上で何があるあるかを理解すること。そういう意味で、学校の勉強が必要ないという人を僕は信用できない。学校の勉強を押さえた上で深く行かないと信頼を得られないからだ。先人が歩んできたもの、学んできたことを自分のなかに取り入れ、さらに深いことを言うとウケがちなのだ。

エラーをデータと捉えて次につなげる

たとえば小籔さんに高評価を得た、「ポテトチップス」あるある……梅味、出ては消えがち。これが出てくるまでには、自分のなかでトーナメントが行われていた。

ポテトチップスを食べている時にいつもどうしているかを思い浮かべる↓袋が開けにくい、途中で置いとく時輪ゴムで止めがち↓ちょっと安いメーカーの買いがち↓味はどんなん？↓のりしお、コンソメ↓そういえば梅味↓でも梅味って、出てすぐ消えるよな↓それで行こう！

あるあるを言う時は、自分の記憶を振り返って、「ポテトチップス」の周りにあることを想像したり、調べたりしていく。初めは、自分の経験していることじゃないとダメかと思ったけど、それだと間に合わないから調べるクセがついた。

日々トライ&エラーで、僕のエラーはいっぱいある。ただエラーだったことをエラーだと思わないようにして、データが取れたとプラスに捉える。やらずに後悔するよりは、やって後悔したほうがいい。あるあるとは、経験値を積んで生まれてくるものなのだ。「ハートが強い」と言われることにもつながるが、すぐに結果に結びつかなくても、トライはしてみたほうがいい。その反応によって自分のアイディアがどう受け入れられるのかがわかると思う。そうしたら、今後の出方が変わってくるはずだ。

ちなみに僕は中学・高校と皆勤賞だった。そこには、データ収集を怠りたくないという気持ちもあった。一日休むと、その間に僕の知らないことが学校で行われそうな気がした。今でも同窓会で集まると、僕だけが、あの時誰が何をした、という細かい出来事を覚えていて、「よくそんなこと覚えてるね」と驚かれる。子どもの頃からデータ収集に余念がなかったのだ。

あるあるのバリエーション

ＦＵＪＩＷＡＲＡの藤本敏史《ふじもととしふみ》さんはかなり早い段階で、「お前の文字数を合わす才能はすごいな」と言ってくれた。うれしかった。僕はずっと、歌いながら文字数をメロディーに合わせるのを自分に課しているところがあった。気持ちよくなりたい、ターンッとキメたい。だからサビのちょっと前から「〇〇しがち」を言う逆算をしている。

自分で言うのもなんだが、一部ラジオマニアの間で伝説になっている放送がある。二〇一二年九月一日の深夜に放送された『オードリーのオールナイトニッポン』だ。この週は〝オールナイトニッポン45周年お笑いオールスターウィーク〟と題したスペシャルウィークで、オードリーはゲストに、まさかのRGを選んだ。

その回はリスナーからもらったお題に対して僕が返すあるあるが絶好調で、調子に乗り、「あるあるは五文字で言うのがいちばん気持ちいい」と、より困難なムチャぶりを自分に課し、リスナーからお題をもらった。「網戸」あるある……はずれがち。「OL」あるある……羽織りがち。僕はTUBEの『シーズン・イン・ザ・サン』(一九八六年)に乗せてキッチリあるあるを返した。これには「完全予告ホームランだからね!」とオードリーのふたりも大興奮!! 〝神回〟だと今も語り継がれている。

あるあるは、あまり長くなるよりは、短い言葉で的確に表すほうがいい。ただ、きちんと伝わることが大事だ。究極に短くて本質を突いた「あるある」で一躍人気を博したコンビがいる。復活した二〇一五年の『M－1グランプリ』で見事優勝したトレンディエンジェルだ。それまで長い間試行錯誤してきたトレンディエンジェルの斎藤《さいとう》司《つかさ》がたどり着いたのが「ペ」というギャグだった。何か言われた時に返す面白い言葉が「ペ」。お客さんからは脊髄反射的な笑いが返ってくる。俳句にしても、日本人は声に出した時に気持ちいいかどうかを追究してきた。これが「単語」あるあるだ。長くゴチゴチャ説明しても伝わらない。短く洗練された言葉は、とても美しいのだ。

名コピーライターと言われる人たちもそうだ。コピーライターは大衆の支持を得なくてはいけない。世相のあるあるを反映しなくてはならないのだ。「ほしいものが、ほしいわ。」。これはもう「ほしいもの」がないから「ほしいと思うもの」がほしいという糸井重里《いといしげさと》さんのコピーだ。自由すぎてしまったらもう何が自由かわからん、みたいなことだ。バブル時代の若者の心理を短い言葉で「ある」と思わせる。すごい才能だ。

また、あるあるはその状態に名前をつけるということでもある。名前というからには短くないといけない。有吉弘行《ありよしひろいき》さんがやられていた「あだ名づけ」も、いわば世間の声のあるあるを、有吉さんが「あだ名」という形で名づけたものだ。なかでも、品《しな》川庄司《がわしょうじ》の品川佑《ひろし》さんにつけた「おしゃべりクソ野郎」は、高度にクッと掘り下げたあだ名だ。品川さんは、確かにおしゃべり。そしてさらに、品川さんが世間に「嫌われ芸人」であることを、「クソ野郎」という言葉でスッと代弁する。言っていいのかな、ぐらいのところを突いてくる。それにみんな「おお！」と膝を打った。他にも芦田愛《あしだま》菜《な》ちゃんの「子どもの皮をかぶった子ども」、板東英二《ばんどうえいじ》さんの「野球くずれ」、南海《なんかい》キャンディーズのしずちゃんの「モンスターバージン」、東野幸治《ひがしのこうじ》さんの「二軍のボス」など、まだまだ尽きないが、どれも短くて的確。有吉さんは「あるあるマスター」なのである。

モノマネをする人たちも、その人のあるあるを探している。コロッケさんが野口五《のぐちご》郎《ろう》さんをマネする時などは、「やりすぎやろ」と思ったものだが、実際に野口五郎さんの昔の映像を見ると眉毛を動かすとか、全部その動きをやっている。さすがに鼻はほじってないが。現実を虫眼鏡でより大きく見せてくれているのだ。ちなみに誇張しすぎたモノマネで頂点に立ったハリウッドザコシショウさんの場合は、みんながやるモノマネをあるあるとし、それを大きく裏切ることで成立している。

以前、深夜番組でジャルジャルのコントを観てうなってしまった。舞台は、ある市民マラソン。大勢のランナーに混じってピカチュウの着ぐるみを着た市民ランナーが走っている。「うわ、あんな奴おるわ」「きっと最初だけむっちゃダッシュするねんな」。面白がってみんなクスクス笑っている。そして、「ヨーイ、スタート」の掛け声で走り始める。このコントのオチは、着ぐるみランナーが最後まで一位で走り切ってしまうことだ。「こういう奴は絶対遅い」というあるあるの逆をやっているのだ。

ツッコミに学ぶコミュニケーション術

お笑いの「ツッコミ」は、あるあるがわかっていないとできない。あるあるというのは、流行もそうだが、まずは常識だ。みんなが思っているであろうことを、みんなが気づくよりも少し先にスパーンと言わなくてはならない。

ボケの人は、常識から外れたことをする。そこでツッコミの人は、「それは常識から外れてるで」と言うことによって、お客さんが「その通り」となる。「その通り」と思わせることがあるあるだ。ボケに対し「あるあるはこっちだよ」と言うのがツッコミなのだ。あるあるという軸からちょっと外しては戻し、ちょっと外しては戻しということをして、お笑いはお客さんの感情を揺さぶっていく。

コンビがブレイクする時に、ツッコミの方がとんでもない才能を持っているのが次第にわかることがある。博多大吉《はかただいきち》さんやフットボールアワーの後藤輝基《ごとうてるもと》さん。こういう方々は、一般の人の視点も持っている。常識が何かということをわかった上で、見ている人が共感できるポイントを押さえつつ、そのちょっと奥を突くのだ。

後藤さんのような、たとえを巧みに使う人は、常にハードディスクにあるあるが溜まっていて、パッと来たらパッと出す。「高低差で耳キーンなるわ!」という伝説の名フレーズ。「耳キーン」の感覚がわかっていて、それが自分だけでなく、みんなもそうなっているというリサーチができていないといけない。

お笑い以外でも、ツッコミ的な能力は日常のあらゆる場面で必要とされている。相手の話を聞いている時の、「それは○○ということですよね?」という相づちもツッコミの一種だ。また、スポーツで言えば、サッカーのアシスト、バレーボールのトス。これらもツッコミ的なセンサーを働かせていると言えるだろう。ツッコミというのは、相手のことをよく観察し話をじっと聞かなくてはならない。そして相手が引き立つようにする。漫才のツッコミのつもりで人の話を聞き、ツッコミの視線で世の中を見ると、あるある能力は鍛えられ、ひいてはコミュニケーション力が高まる。

仕事で、子どもたちにあるあるを教える機会が何度かあった。子どもに「学校あるあるを言って」と言うと、最初は戸惑う。しかし、「学校で起こることとか、よくこういうことをするっていうことを教えて」とつけ加えると、子どもたちの回答が止まらなくなった。あるあると言うと最初はわからないが、こちらから扉を開けてあげると「こんなことあった、もっと言いたい、もっと言いたい」とポンポン出てくる。それを見ていて、「みんな小さい時からあるあるは言いたいものなんだな」と思った。ウケたい、共感を得たい、表現したいという気持ちは誰しも強く持っているのだ。

人として生きていれば、あるあるは徐々に身についていくものなのかもしれない。あるあるに初心者はいない。特別な秀でた才能がなくても身についていくものがある。そしてこの厳しい社会を生き抜いていく武器にもなるのがあるあるなのだ。

次の章からは、お笑い芸人としてあるあるを武器に生き抜いてきた僕自身の体験を交えながら、あるあるによるサバイバル術を紹介していきたい。

第2章

人間関係の築き方

新しい場所は自分を変えるチャンス

「ハッタリ」と言うと見栄っ張りで嘘《うそ》つきで、語源は賭博の場での隠語。喧嘩《けんか》で脅す意味もあった、などと辞書には書いてあって聞こえは悪い。だが、僕にとってハッタリとは〝自分にプレッシャーを与えて逃げ道を断つ〟という、人生で最初に手にしたサバイバルの武器だった。新しい学校や会社に入った時にハッタリをかます、というと嫌われる心配をする人もいるかもしれない。しかし僕の「ハッタリ」は、まさに転校がきっかけで生まれたのだ。

ちなみに「転校生が来るらしいよ。かわいい子かな？」みたいなマンガのようなかわいい子やかっこいい子は、転校してこない!! それが現実である。

「学校」あるある……転校生に期待するけど普通の奴来がち。

小中学生にとって転校は人生の一大事だ。別の土地から来た、言葉も違う僕がハッタリをかまして早く順応しようとしたのは、その後の芸人人生に大きく影響したと思う。

僕の本名は出渕誠《いずぶちまこと》。熊本県の上益城郡甲佐町《かみましきぐんこうさまち》というところで生まれた。後に触れるが、二〇一六年の熊本地震で大きな被害を受けた益城町《ましきまち》の隣の町だ。

僕は小学校四年生の時まで、甲佐町の小学校に通っていた。そして小四の二学期に、愛媛県八幡浜市《やわたはまし》に引っ越した。

たとえば「叩《たた》く」という言葉を、熊本では「打つ」と言う。だが愛媛に引っ越したばかりの頃、クラスメイトからふざけて叩かれて、僕はとっさに「打つなや！」と言った。「〝打つ〟って、何？」小学生は友達の少しの違いに敏感だ。ちょっとした方言にすぐに騒いで、からかい始めた。僕は思った。「ナメられたくない」。そしてその時もうひとつはっきりと思ったことがある。かつて神童と言われた自分を取り戻したい。

僕は熊本に住んでいた小学校二年生まで、勉強もできて、もの覚えも早く、町の写生大会でも優勝。運動はそこまで飛び抜けてはいなかったが、学年では「できる子」だった。ところが小学校二年生の時、手放し運転で自転車に乗っていたら、三、四メートルぐらいの高さから川底に真っ逆さまに落ちて、頭から地面に叩き付けられ、気絶した。頭に『まんが日本昔ばなし』に出てくるようなたんこぶができて、CTスキヤンをしてもらうと、なんと頭蓋骨が約一センチ陥没していた。

そこから人生が変わった。成績も伸びず、学校で一斉にやらされたソロバンもみんなに抜かれた。サッカーでは三歳上の児童のゴールキーパーの練習相手をさせられ、シュートが下手で思い切り殴られた。すごくショックだった。それまで僕はおじいちゃんおばあちゃん子で、体罰を受けた経験もなく、「蝶《ちょう》よ花よ」で育てられていた。しかし頭を打った後から凡人になった気がした。褒められる機会もなくなった。当時の記憶は灰色だ。小学校二、三年頃、ずっとモヤモヤしていた。あの頃の感覚はハッキリ覚えている。「あの晴れ渡った空はどこへ行った？　小学校に入りたての俺はどこに行った？　俺、普通の人になっちゃったのかな」。そんなことばかり考えていた。

そんな状態で四年生になったが、九月に僕たち一家は愛媛県八幡浜市に引っ越すことになった。転校したての十月にいきなり運動会があるということで、各クラスからリレーの選手を決めることになった。「足、速い人、誰かいませんか」。僕は迷わず手を挙げた。そして言った。「五十メートル、七秒五です」。だが本当は、僕のタイムは八秒五だった。一秒サバを読んでいた——ちなみに徒競走の一秒は結構大きいことにあとで気づいた。「早くここになじんで、しかもこいつらより上であることを見せつけなくては」と思うあまりに、サバを読みすぎてしまったのだ。

だが僕はさらにまた別なジャンルで大きく出た。みんなで踊る音頭の太鼓募集。「真ん中で太鼓を叩ける奴おるか」。迷わず手を挙げた。「俺、叩いたことありますけど」本当は一度も叩いたことはなかった。必死だった。ハッタリを積み上げて迎えた運動会当日。僕はリレーを走り、前の人がめちゃくちゃ遅かったことから、僕が走る番で少々遅くてもバレずになんとか助かった。太鼓も必死に練習してなんとかこなした。

そして、小学校における重要なイベントである運動会でそれなりに華々しくデビューを飾った僕は、それ以来、ちょっとハッタリをかますクセがついた。それまでカナヅチだったのに、「泳げないのがバレたらイヤだ」という危機感が僕を突き動かし、カナヅチなのを隠して、ビビってできなかったクロールの息継ぎにチャレンジしてみたら泳げるようになった。そうやって次々といろんな課題をクリアしていったのだ。

「ハッタリ」あるある……度胸つきがち。

そんなハッタリの積み重ねによって、いつしか僕は学年でもいわゆる「できる子グループ」に入っていた。そして、自分のなかにムクムクと「取り戻した」感覚が芽生え始めていた。その証拠にバレンタインデーのチョコレートの数がゼロから三個に増えた。

「みんなと同じ」じゃなくても友達を作る方法

学校、業界の仕組みや、仕事を覚える時に、その社会のあるあるを知れば、できるだけ早くその場所になじめる。僕は、子どもの頃の引っ越しで友達がゼロになり、大学に入学し京都でひとり暮らしをして、またゼロになった。そして芸人になって相方のHGをパクッてRGという「HGの寄生虫」と呼ばれた変なキャラを始め、日本中から嫌われた瞬間があった。当時は「みんな俺のこと好きじゃないはずだ」と孤独感にさいなまれた。

僕の人生はゼロから何度もやり直している。B'zも歌っている。「ゼロがいい ゼロになろう もうまっしろ」（『ZERO』一九九二年）。これはRGの歌なのかもしれない。

「辛い時」あるある……すでにある歌を「これ、自分のための歌じゃん」って思い込

みがち。

でもそのたび、周りにいる人を味方につけるために僕はハッタリをかまし、あるあるを見つけることで生き延びてきた。小学校時代は転校した愛媛の小学校のあるあるを素早く探していた。当時の世の中に「引きこもる」という発想はなかった。だから「ここで人気者になるしかない」と思った。「ナメられたくない」という思いはイジメへの危機感みたいなものだった。

小学生だった当時、「ファミコン」と「ラジコン」が流行《はや》っていたが、親はどちらも買ってくれなかった。「ファミコンよりパソコンだ」「パソコンをやりなさい！」と、当時まだ出たばかりのパソコンMSXを買ってくれた。思えばその時にパソコンにハマっていればいまごろ孫正義《そんまさよし》さんのようになれていたかも。しかし今になっては、親がファミコンを買ってくれなかったことは、本当によかったと思っている。

裕福な家の子供なら『ドラえもん』のスネ夫的に「俺、ファミコン持ってるから」とモノで友達の関心を集めるアプローチができたのだろうが、それができない僕にはあるあるが必要だった。みんながファミコンをやっているところに行っても「ああ、これね」と知った顔をして、「俺、けっこうやり込んだ」みたいなハッタリをかました。しかしその後ひとりになると本屋へ行き、攻略本を立ち読みしては、知識を詰め込んだ。ラジコンも持っていなかったが、「ああ、はいはい、あれもいいよなあ」と話に合わせる。そして模型屋に行ってラジコンのカタログをもらっては、読み込んで詳しくなっていった。実践せずに情報を得る能力はこの頃培われたのかもしれない。

「仲間入り」あるある……あるある武器になりがち。

ハッタリと言われればそれまでだが、相手との間のあるあるを探すということは、ひとつのコミュニケーションでもある。ファミコンやラジコンを持っていて毎日遊んでいるなかに、何も持っていない小学生がカタログ一冊で斬り込むには、あるあるを探すしかないのだ。一個のあるあるで僕は闘っていくわけだから、情報量で言えば十対一ぐらいの状態で斬り込んでいく。ハッタリをかまして「こういうことでしょ」っていうあるあるを持ってイケてるグループに行こうとしたのだ。仲間に入りたい。しかし子どもは残酷だ。イチから説明してくれて、あたたかく迎え入れてくれるグループなどないに等しい。その仲間のルールを知らない子をすぐに仲間には入れない。「ルール」とはあるあるである。イケてるグループほど新参者には厳しい。

「子どもでイケてるグループ」あるある……弱者を無視しがち。

子どもがいちばん残酷なのである。

どんな相手にも全力で応える

僕は「ハートが強い」と言われるが、これは、日々の鍛練の賜物《たまもの》ともいえる。転校生だった僕は、ネガティブなところを友達に見せたくなかった。ネガティブなところを見せると、子どもはそこをえぐってくるからだ。たとえラジコンを僕ひとりだけ持っていなくても「わかるわかる、あそこのモーターなあ」と言えるようになるまで、何か一個だけでもあるあるを探した。僕にとってハッタリは、知らない話題でも最小限の情報でスッとその場に入り込んでいくハートの強さを培った土台なのだ。

芸人になり、結婚しているのに仕事がほとんどなくなったことがあった。収入が月七万円。まだ小さい子どもがいるのに家賃すら払えない。嫁は子育てで大変。両親が四国や九州だから子どもを預けて働きに行くのも難しい。頼れるのはやはり職場の吉本興業しかなかった。ダメもとでお金を貸してほしいと頼んでみた。ケチだの何だの言われるが、僕の悲惨な状況を見かねて、そしてHGの吉本への貢献度からか100万円を貸してくれた。返済は給料から少しずつ引いていくという。助かった。僕が吉本興業を悪く言わない理由はここにある。会社はお金を貸してくれるが、しっかり回収したいから前より仕事をくれるという都市伝説もあるくらいだ。

生活レベルを落とさざるをえないという事態が待ち受けていた。あの頃はがむしゃらに、先輩に呼ばれたらどんな場所でも何時でも行って、真剣にお笑いと向き合った。呼んでくれたのはバッファロー吾郎《ごろう》さん、ケンドーコバヤシさん、小籔さんたち。HGが売れていく傍らで仕事のない僕に、「こんなキャラどうだ?」「こんなギャグは?」といろんなアイディアをいただいた。東京に出てきてからは宮川大輔《みやがわだいすけ》さん、ケンドーコバヤシさん、次長課長の河本準一《こうもとじゅんいち》さん、品川庄司の品川さんに鍛えられた。カラオケボックスでどれだけ歌ったことか。深夜の飲み屋で、先輩を前に求められる芸を全力でやった。しかも、先輩たちの前では最も新しいネタをおろした。過去にやったネタをやるなんて失礼だと思った。先輩にスベッているところを見せることよりも、手を抜いたところは絶対に見せたくなかった。さらに先輩だけでなく、見ず知らずの、近くで飲んでいたうっとうしい酔っぱらいのムチャぶりにも「ほっとけばいいのに」と言われながら、ゴンゴン向かっていった。「くそ、笑かしたる」という気持ちだった。その気持ちが強すぎて気がつけば頭に爪楊枝《つまようじ》が刺さっていたりして、逆に引かれたりもしたが。

「ムチャぶり」あるある……ハート鍛えられがち。

今これを誰が見てるかわからんし、ここで何が生まれるかもわからん。自分は実は左利きって気づくかもわからん。そのボケのおかげで、いい漫才になるかもわからん。この場を与えていただいて、ありがとうございますという気持ちは常にある。「よくそんなことやるな」と言われることもあるが、ムチャぶりに応え続けたおかげで、大舞台で緊張しなくなった。これまでムチャぶりしてきた酔っぱらいにも、今となっては感謝だ。

また、僕が自身に言い聞かせているのが「何か思いついたら、絶対やったほうがいい」「お客さんや周りの人に尽くせ」ということ。結果よりもトライしたというその意気込みに人は心を動かされることがあるし、可能性の扉を開いてくれることがあるはずだ。

新しい場所で認められるには

僕たちレイザーラモンは芸人になりたての頃、バッファロー吾郎さんたちが主催していたネタ見せの場「ホームラン寄席」をホームとして活動し、いわゆる「好きな人だけが笑ってくれればいい」タイプの笑いを追究していた。とはいえ、ホームラン寄席も友近《ともちか》や笑い飯《わらいめし》、千鳥《ちどり》を育てたから、実はただマニアックな場というだけではなかった。バッファロー吾郎さんはただただ面白い芸人を集めていた。「マニアック」=「面白い」ではない。今思うと、「レイザーラモンはマニアックに行きたい」と甘えていただけだった。

しかし、そこでの活躍も難しくなった頃、超メジャー団体、吉本新喜劇からお誘いの声がかかった。当時の新喜劇には、コンビを解消してピン芸人になったばかりの小籔さん、そしてなかやまきんに君も同時に入ることになった。「新喜劇に入って初めて、職業としてお笑いをするということを知った」というのは、後に座長にまで上り詰めた小籔さんが、新喜劇に入ってしばらくして言った言葉だ。なんばグランド花月《かげつ》をホームグラウンドとする吉本新喜劇は、修学旅行生をはじめとして、毎日、全国各地から来る老若男女のお客さんにウケなくてはいけない。今まで自分の好きなものだけをやっていたやり方を、ことごとく変えないとならなくなった。

「新参者」あるある……覚悟問われがち。

吉本新喜劇のレジェンドともいえる桑原和男《くわばらかずお》師匠やチャーリー浜《はま》師匠や池乃《いけの》めだか師匠たち、ちょっと上の世代の兄さん方とも仲良くさせていただいた。僕はだんだん「俺、やっと職業としての芸人になった」と思うようになった。

この時僕は「ずっと新喜劇に出続けるぞ」という心構えで入った。そうでないと、新喜劇の方々は受け入れてくれない。腰掛けは失礼だという意識があった。どんな団体でもそうなのだが、その仕事に賭《か》けて長い間そこで頑張っている方々に迷惑をかけたくないという、先にその場所にいる人たちへのリスペクト。これが大事だと思う。

だから当時、僕は、新喜劇のことしか考えず、ここで上を目指していこうと思っていた。レイザーラモンというコンビ名すら名乗ることをやめていた。新参者としてあたたかく迎え入れてくれるところなどないに等しい。建前上は「よろしくー」と明るいが、本音では、「コンビとしてうまくいかなかったから新喜劇を頼って来たんでしょ」と思っている……のではないかと疑心暗鬼になっていた。かつての転校生トラウマがあったに違いない。

自分のいる場所を誇る

また、僕はどこにいても、自分が属しているところを他人に威張りたいという気持ちがあった。熊本にいる時は熊本を誇りたかったし、愛媛に来たら愛媛のみかんの生産量日本一を誇りに思っていたから、和歌山に抜かれた時は心底悔しかった。「なんでこんな位置にいるんだろう」と、地図帳の農産物生産高グラフばかり見ていた。愛媛はどこの県よりも何が勝っているかをいつも調べていた。だからどんな時も、腐るということはなかった。腐る＝ダサいと思っていた。

予備校生の時、ものすごくこわい店主のこだわりのカレー屋でアルバイトをしていた。「この、みんなに『うまい』と言われている店で働いている俺を見てください」という気持ちだった。だから一生懸命働いた。

大学では、京都で有名なラーメン屋でバイトを始めた。その名も「ラーメン日本一」。その店もものすごく厳しかった。接客しながら要領のよさを求められ、「餃子《ぎょうざ》をラーメンより少しだけ先に出すテク」みたいなことから教わった。自分の持っている能力をフルで出さないと追いつかない。でも、まかないのラーメンがものすごく美味しかったので、その楽しみのために頑張れた。バイトなのに修行みたいな感じだった。僕は店のマスターに真剣勝負を挑みにバイトに行っていた。だから当時は、マスターが本当に憎たらしかった。だが今考えると、このバイトを経験しておいてよかった。

ある日、常連のお客さんがいつも餃子を持ち帰っていたので、僕は思った。「もしかして、今日も?」。そう考えて念のために餃子を仕込んでおいた。「持ち帰り!」さっそくお客さんから声がかかった。「はい、あがってます!」僕は答えた。するとマスターが言った。「おお、もうあがってんのか! よくやった!」。僕はその瞬間、心のなかで思った。「よっしゃ! 勝った!」。こういう瞬間が一か月に一回くらいあって、その時の歓びはたまらないものだった。ただ、一生懸命働いたのは店長に気に入られたいからじゃない。僕は自分の所属している団体がダサいと思われたくなかったのだ。そして店長が嫌だからといって、ダラダラ接客するということは、その店にいる自分がダサいということだと思っていた。

「仕事ができる人」あるある……自分の職場を愛しがち。

僕の家の近所でいちばん人気のあるスーパーのレジ打ちのおばさんで、「レジコンテスト全国一位」を取った人がいる。僕はその人のレジを選んで毎回並ぶ。笑顔を絶やさず、レジ打ちが速く、しかもレジを打ちながら後輩に指示まで出す。年末にはちゃんと「よいお年を」の一言を加えてくれる。この店で買い物をすると清々《すがすが》しい気持ちになる。この人は、無意識に「自分がいる場所がよくなれば、自分も気持ちがよくなる」という考え方で働いているに違いないと僕は睨んでいる。

先輩に可愛がられる後輩

新喜劇に入ってしばらくした頃のこと。小籔さんはどんどん出演時間が長くなり、相方のＨＧはツッコミの腕を磨いていった。一方僕はというと、出番の時間はオープニングのうどん屋のお客さん役ばかりだったが、楽屋では頑張っていた。新喜劇は「超メジャー団体」。マイナー出身の僕には、楽屋も緊張するところだった。だけど毎日とにかく先輩とも後輩ともしゃべった。

たとえば桑原師匠は、こわくて若手からは話しかけづらい存在だった。だが僕は、毎日少しずつ話しかけていた。ある日の待ち時間、楽屋の師匠の机にピアッサーが置いてあるのを見つけた。「これ、どうしたんですか?」「これなあ、わしもなあ、ピアスあけてみようか思うてなあ。ヒロ（吉田ヒロ）に買うてきてもろたんや。でもな、さすがにな、もうトシやしな」。そう言ってはにかむ師匠。そんな様子を見ていたら、ちょっと気に入られたいという気持ちと同時になぜか、自分もオシャレがしたいという率直な気持ちが膨らんだ。「じゃあこれ、今僕、やっていいですか?」「今ここでやんのん!?」

その場で師匠のピアッサーをむんずとつかむと、僕はためらいなくグイと耳に挟んだ。ガチャンガチャン！　あっけにとられる桑原師匠。耳には見事にきれいな穴があいた。そしてその日を境に、桑原師匠との距離は縮まった。

いわゆる一生懸命がゆえの「天然」が、先輩に可愛がられることもある。座長の内《うち》場勝則《ばかつのり》さんは、ストイックで無口な方だ。地方の営業に行った時、楽屋に具が梅やおかか、昆布など、さまざまなひと口サイズのおにぎりがあった。チャーリー師匠が突然「若手！　しっかり食べてるか！」と大声を出した。びっくりした僕は「ハイ！食べてます！」とおにぎりを三、四個一気に食べた。しかしそのおにぎりは、内場さんが大事に取っていたものだったのだ。些細《ささい》なことだが、上下関係が厳しい新喜劇にあって、あるまじき行為だ。

内場さんは「こいつは俺のおにぎり、勝手に食ったんや」と皆に報告した。僕はそれに対し、「ちょっと、ちょっと。ちょっと言わないで、やめて、ウッちゃん」と思い切って言ってみた。すると内場さんが「誰がウッちゃんや」と親しみを込めて返してくれるようになった。調子に乗って、僕は「ウッちゃん、言わないで」と何度も言った。それを見ていた辻本茂雄《つじもとしげお》さんに、「ウッちゃんって俺でも呼んだことないぞ！」と怒られた。一生懸命打ち解けようとしたがゆえの天然だった。

「かわいい後輩」あるある……スキありがち。

僕はよく先輩から図々しいと言われる。たしかにそうだ。しかし愛されていると勝手に思い込みすぎているから、図々しくいける。愛される後輩とは、決して「仕事ができる後輩」ばかりではない。むしろ仕事ができる後輩は可愛がられるどころか、いつか去って行きがち、裏切りがちでもある。少しスキがあるくらいのほうが先輩も自分に対して心を許してくれているような気がしてかわいく思えるのだ。

アンガールズの田中《たなか》(卓志《たくし》)くんが「芸能界で大事なのは何か」と尋ねられ、「かわいげ」と答えていた。彼は飄々《ひょうひょう》としながらも本質をわかっている。イジられている人こそ物事の本質を理解しがちなのである。

先述の急に大声を出しがちなチャーリー浜師匠も皆からこわいと思われていたが、僕は物怖《ものお》じせずに話しかけていった。そしてしまいには、「チャーリー浜って名前つける時、もう一個、迷ってた名前があんねん。その名前、やるわ、お前に」とまで言ってくださった。「その名前とは……」流行語大賞を受賞したチャーリー浜師匠が迷っていた名前だ。「その名前とは……六本木アキラや!」。このもうひとつの名を、僕はもちろんありがたく頂戴した。ただ、今のところ使用する機会を得られずにいる。あとで聞いた話だが、チャーリー師匠は、僕以降、気に入った後輩にはすぐ「六本木アキラ」の名前をあげようとするらしい。今何人「六本木アキラ」がいるのだろうか。島木《しまき》譲二《じょうじ》師匠とも、公演の合間、一緒にコーヒーを飲みに行くようになり、新喜劇の豪快な昔話を聞かせてもらうことがあった。大阪のミナミのスナックで周りにこわい人たちばかりいる状態で、「島木譲二だ！」と騒がれた時、一曲歌って見事にその場を大拍手で終わらせたなど、昔の新喜劇の話はどれも都市伝説のようで面白かった。新喜劇の楽屋ではそういうとっておき話を聞き出す能力が鍛えられた。

「褒め」のコツ

先輩と仲良くなれたのは、先輩を喜ばせたいという気持ちがまずあったからだと思う。尊敬している先輩の番組は必ずチェックしている。ただ、先輩に会った時、単に「面白かったです！」とは絶対に言わない。「あの番組でやったこれがすごかったですね……」とか「面白い」のもうひとつ奥の扉を開けるようにしている。

たとえば四人くらいで番組に出ていた時の先輩を褒める場合。A先輩に対して、「あの時、A先輩のボケで終わらせてもよかったのに、B先輩がボケられるようにつなげて終わらせたのはさすがですね」。こんなふうに指摘しながら「すごかった」ことを伝えると、「ああ、こいつ深く見てくれてるな」と思ってもらえる。ただ、僕はそれを喜ばそうとして言っているわけではなく、純粋にすごいと思っているのだ。

二〇一六年の「R－1ぐらんぷり」で優勝したハリウッドザコシショウさんを僕はずっと尊敬している。そして、長い間苦労されながら試行錯誤して自分のやり方を貫き通している様子を見てきた。ケンドーコバヤシさんと同期のザコシショウさんは、ケンコバさんと同じように、昔から芸人からの人気は絶大だった。ケンコバさんが売れたあと、ザコシショウさんは苦しい時期もあったと思うが、腐ることなく、いやむしろその芸は地下で発酵してより芳醇《ほうじゅん》な香りを醸し出していた。そしてテレビに出られない時もずっと、YouTubeで自分のネタをアップし続けてこられた。僕はそれを常にチェックしていた。優勝した時も自然と「あれ、YouTubeでやっていたあの時のネタですね！」と伝えた。ザコシショウさんはとても喜んでくれた。特にお気に入りはゴールデンボンバーの『女々しくて』（二〇〇九年）の替え歌『糞したくて』だったのだが、さすがに「R－1ぐらんぷり」ではやらなかった。ザコシショウさんも大人になっていた。

「褒め」あるある……途中の努力を褒められると響きがち。

たとえばサッカーでも、シュートを決めた人ではなく、いいパスを出した人を褒める。献身的な動きをしている人、結果だけではなく、過程を褒めるという感じだ。成功した人に対して、成功したこと自体を褒める人は多い。だがその人にとっては、努力している過程こそいちばん頑張った時間で、成功の瞬間はその結果にすぎない。成功した瞬間に人はたくさん集まってくるが、努力している時間は孤独な時間だったはずだ。

だからこそ、そのことについて触れられると「うわ、そこ見ててくれたんだ」と、喜んでもらえるのだと思う。だがそれは、普段から本当によく見ているからこそだ。心に響く「褒め」が「媚《こ》び」と違うのは、これまでの見方が伝わるからだ。後輩たちよ、先輩を褒める時は気をつけろ。媚びられている時ってすぐわかるんだよ。そして結構傷ついている。褒める言葉がない時は、黙っておく勇気も必要だぞ。無理に媚びないで。

よかった探し

後で詳しく書くが、大学時代、学生プロレスをやっていた僕は、実況解説で後輩の間でも語り継がれるほど人気を博した。もしかしたら、学生プロレスの歴史のなかで、〝褒め解説〟というものを始めたのは僕かもしれない。

学生プロレスはどうしてもプロに比べたらショボい部分があった。僕が入った当時の実況解説は、技の失敗なんかをくさして笑いを取るのが主流だった。失敗をツッコんでいればそれなりに場は持つ。でも僕はすべてを褒めた。相手を持ち上げられない選手にも、「彼が持ち上げようとしている選手は、実は二百キロあるんですよ」とか、失敗したことを何かにたとえるとか、フォローを入れて笑いを取った。それをずっとやっていくと、ボキャブラリーは増えるし、変な責任感みたいなものが芽生えてきた。学生プロレスを初めて見に来た人たちにも一人ひとりの魅力を知ってほしい。同じ仲間を守るため、失敗に全部理由をつけて笑いにしていく。「彼は、実は肩をケガしていまして」とか、「まるで〇〇のようだ」とか、一個一個理由をつけてとにかく褒めた。

僕が作り出すキャラは、スティーブ・ジョブズやＳＴＡＰ細胞の小保方晴子《おぼかたはるこ》さん、芥川《あくたがわ》賞作家の羽田圭介《はだけいすけ》さん、前東京都知事の舛添要一《ますぞえよういち》さんなど、時事ネタを取り入れつつ、すべて性善説にのっとってキャラクターを演じている。小保方さんの場合、いろいろ言う人もいたが、僕は「応援したい」という気持ちでやらせていただいていた。むろん今も応援している。「ＳＴＡＰ細胞はある」と期待している僕がいる。人にイヤな思いはしてもらいたくないという気持ちが、あるあるの根底にはある。転校した時に感じた「嫌われたくない」という感情を今もひきずっている。モノマネした人に嫌われたくない。怒らせたくない。さらに言うとバレたくない。

性善説といえば、ピースの又吉直樹《またよしなおき》が「おもろくない本はない」と言っていたのが印象に残っている。又吉は、本の「面白いところ」を見つけるようにしているそうだ。人にもよいところと悪いところが絶対にあるのだ。

『アルプスの少女ハイジ』や『小公女セーラ』のような海外のちょっと泣ける児童文

学をアニメ化したTV番組に、『愛少女ポリアンナ物語』という作品があった。主人公のポリアンナが、早くに亡くなった、大好きだった牧師のお父さんの「よかったことを探しなさい」という遺言を守り、孤児として生きていくその後の厳しい人生を「よかった探し」でひたむきに乗り越えていく物語である。

僕がいつも考えているあるあるも、ポリアンナの「よかった探し」と同じだと思っている。観察眼を養い、物事をしっかり見て、「よかった探し」でマイナスな面を消し去る。マイナスな面はストレスにつながる。ストレスはすべての病の原因なのだ。「よかった探し」は万病に効く！ と言っても過言ではない。

この「よかった探し」の観察眼は、かつて『週刊プロレス』の編集長だったターザン山本《やまもと》さんが毎号書いていたコラムによって培われた部分も大きい。ターザン山本さんは、選手の目に見えてすごいところよりも、人と違うところや奥の奥のすごさを頑《かたく》なに突こうとしていた。僕も「あ、そこ見てるんだ、さすがだな」と思われたい。そして、人は意外なところを褒められると喜びがち、だとも言えると思う。

「褒め力」あるある……観察眼磨きがち。

また、否定ではない言い方を工夫することは自分にとってもプラスになるはずだ。会議や打ち合わせで出たアイディアをちょっと疑問に思った時も、頭ごなしに否定するより、「これは面白いけど、こんなのも、どう？」という言い方を探すことは、自分の観察眼のスキルアップにつながる。さらには尊敬される上司となり、結果的にモテるであろう。褒め力を鍛え上げることは、高い服を着るより、高い車に乗るより、体を鍛え上げることよりも「モテる」。僕はそう断言する。

否定からは何も生まれない

笑いに自信は必須だ。「ウケるかな？」と思って恐る恐る出されたものはなんだか笑えない。だが自信を持って出されたものは、ドンッとウケてしまう。

たとえばラッパーのKREVA《クレバ》さん。「俺のラップすげえだろ」というあの自信に満ちた感じに「すげえ」と僕はひれ伏してしまう。KREVAさんよりうまい韻を踏んだり早口の人もたくさん出てきたが、あの自信に満ちたラップを聴くと「すげえ」となる。その自信は、フリースタイルラップで勝ちまくって、その後もヒット曲を連発した実績から来るものだろう。リスナーはそのアーティストの自信にお金を払いたくなるのだ。

「自信」あるある……褒められて芽生えがち。

子育ても褒めて伸ばすのがいちばんいい。人は否定されると閉じこもってしまう。いいところを見つけて褒めてあげることが大事なのだ。人間は否定されたことは根に持つもの。僕も昔のいろんな楽しかったことは忘れたが、否定されたことはすべて、その一言一句を、その情景を覚えている!! だから人間関係は結局円滑には進まない。なるべくそういうネガティブな記憶を棺桶まで持っていかせないように、魅力を見つけていくほうがいいと思う。なぜなら僕のように忘れられないでいる人間が少なからずいるから。

HGのブレイクの後、RGとしての認知度も徐々に上がってきたかなと思っていた頃、吉本の社員さんが熱心に「RGは愛媛県の出身なんですよ!」とキャンペーンに売り込んでくれたことがあった。しかし愛媛の市役所からは「いやぁ……まだRGはちょっと」と断られた。僕は意気消沈し、その日はこっそり実家に帰った。しかしばあちゃんの家に寄ると、家中に僕の切り抜きがいっぱい貼ってあった。なかにはＨＧとふたりでボンデージのような格好をして、フマキラーを持っている巨大なＰＯＰもあった。「薬局にあったやつもらってきたんよ。自慢の孫や」とばあちゃん。心の底から救われた気持ちになった。親は子どもを肯定してあげなくてはいけない。「それでいいんだよ」と言ってあげる。すると子どもは自信を持っていろんなものを出せる。否定からは何も生まれないのだ。

第3章

自分のあるあるを見つけろ

好きなものをトコトン追究する

違う価値観の人のなかで生き抜くのは大変だ。でも他人を知るためにはまず己を知ること。アポロンの神殿に刻まれた古代ギリシアの格言にも「汝自身《なんじ》を知れ」とある。浜田麻里《はまだまり》さんのヒット曲に『Return to Myself ～しない、しない、ナツ。』（一九八九年）という歌がある。「本来の自分に戻ろう。己を知るために」。エミネムの世界的ヒット曲は『Lose yourself』（二〇〇二年）。直訳は「我を失え」。己を知るために何かに「すべてを捧《ささ》げろ」という意味だ。そう。エミネムの言うように、己を知るためには、少しでも「好きかも」と思ったものを、とりあえずトコトン追究してみるといいと思う。好きなものはなんだっていい。もちろん勉強じゃなくてスポーツでも、ゲームや遊びでもいい。大事なのは中途半端ではなく、トコトン追究すること。とことんやることで、自分自身のあるあるに関わるものが見えてくるはずだ。

僕は一九八〇年代後半、土曜日の夜に放送していた、少年隊や小泉今日子《こいずみきょうこ》さん、南野陽子《みなみのようこ》さんなどのアイドルのラジオを聴くのが楽しみだった。録音して何回も聴いた曲は、中森明菜《なかもりあきな》さんの『DESIRE』（一九八六年）だ。「むっちゃかっこいいな」と衝撃を受けた僕は、そこから猛然と音楽の虜《とりこ》になっていった。カウントダウン番組もよく聴くようになり、日本と海外のトップテンをカセットテープに録音するようになった。雑誌も最初は『明星』や『PATi《パチ》 PATi《パチ》』を読むようになり、『明星』の付録で曲の歌詞や楽譜が載っている『ヤンソン』も読み込んだ。その後、より言葉の情報を欲するようになり、いちばん長い間読み続けたのが、中学から買い始めた『CDジャーナル』だった。この雑誌は、音楽の全ジャンルを網羅していた。当時の僕にとって『CDジャーナル』は絶対的権威であり、「全ジャンルに精通しなきゃならない」という「『CDジャーナル』イズム」に取りつかれていた。

音楽評論家が書く三行くらいのコメント欄に「名作」とあるCDは片っ端からチェックした。クラシックからジャズに至るまで「これは全部聴かなきゃいけない」と思い込んでラジオで聴いた。同級生が『週刊少年ジャンプ』を読んでいる時期になぜ『CDジャーナル』を買い続けたのか。うちの田舎の本屋さんにそれしかなかったからなのだが。これも今の仕事につながっているから、結果としてよかった。

A-haの『Take On Me』（一九八五年）やスティービー・ワンダーの『Part Time Lover』（一九八五年）が世界的に流行《はや》っていた頃で、ラジオで聴いて「カッコイイ」としびれた。そういう洋楽をもっと聴くにはどうしたらいいんだろうと雑誌でいろいろ探していたら、小林克也《こばやしかつや》さんの『ベストヒットＵＳＡ』にたどり着いた。『ベストヒットＵＳＡ』は、毎週録画して最新ビデオ、最新チャートを隅々まで観た。わずかな情報から、今世界的に何が流行っているのかを常に気にしていた。チャートの他に、過去の名作ビデオを流すコーナーで旧《ふる》い音楽を聴き、音楽史を独学で勉強した。

そして中学二年になった時、どうしてもＣＤコンポが欲しくなった。ＣＤを聴きたくても家にデッキがなかったのだ。「ラジコンやファミコンも買ってくれない親をどう説得したらいいんだ」と悩んだ末、僕は親に頼み込んだ。「今度の学期末テストで学年で五番以内に入ったら買ってくれ！」。いつものハッタリだった。

その日以降、お店から家にいっぱいコンポのカタログを持ち帰り、店にも何度も通って研究を重ね、同時に猛烈にテスト勉強をした。そしてなんと、学期末試験で僕は学年で百六十人中五位に入った！　念願のコンポを勝ち取ったのだ。しかし実はそのハッタリも絶対に勝てなさそうな三人がいたから、ちょっと余裕をもって五位にしたのだ。計算通り。ギリギリできそうなハッタリをかますのもコツである。

「目標」あるある……まずはラクにできそうな目標立てがち。

少し頑張ればできる目標を親にうまく提示することで、親も自分も喜ぶことができる。驚くべき化学反応が起こることがあるのだ。話がマイナスになることをしない。皆が笑顔になることは何かを考えたら自《おの》ずと結果は出る。

当時、家には父親のクラシックギターがあったので、頑張って独学で弾いていた。中学生だった僕の頭には「とにかく東京に出て、音楽をやる側に行きたい」という気持ちが次第に膨らんでいった。

地方出身者は重りをつけてトレーニングしているようなもの

中学・高校時代、僕はCD、FM・AMラジオなど収集できる情報を駆使して、毎晩音楽を聴いていた。その根底にあったものは、いわゆる〝都会コンプレックス〟だ。田舎に生まれたことをコンプレックスに感じている人はいると思う。でも空腹で食べたご飯は確実に美味いように、地方で刺激に飢えて青春時代を過ごした人が大人になって東京に出てきて体験することは楽しく、そしてすごいスピードで吸収する。田舎に生まれるということは、生まれた時点で足に重りをつけてトレーニングをしているようなものなのだ。いや、足に重りどころではない。東京に憧れる地方出身者は、『巨人の星』の「大リーグボール養成ギプス」を装着していると言ってもいい。情報のない時代ならなおさらそのギプスは効果を発揮する。僕は情報が少ないという鍛錬を受けた星飛雄馬《ほしひゅうま》だった！

あの頃、僕の「東京あこがれ」はすごかった。テレビで観る東京、きらびやかな東京。周りの誰も洋楽を聴いていなかったからこそ、洋楽を聴いておきたかった。「俺は、こんなに音楽が詳しくてイケてるぜ」という雰囲気をかもし出し、「田舎の君たちとは違うんだ」と周囲にアピールしたかった。しかしそこまでトンがれる勇気もなく、結局友達とは仲良く魚釣りに行っていた。洋楽を聴くと同時に「海が近くてサイコーだな」と思っていたことも否めない。

愛媛からまったく出られない状態だった僕は、憧れが肥大して、〝東京〟や〝世界〟

にまつわることだけが自分のなかにビンビンに入ってくる状態になっていた。

とにかくいつも「世界について教えてくれ！」と思っていたので、当時観ていた番組も『なるほど！ザ・ワールド』と『世界まるごとHOWマッチ』。夜中にやっていた『ベストヒットUSA』を観るために起きていると、ある時期から『EXテレビ』が始まった。島田紳助《しまだしんすけ》さんや三宅裕司《みやけゆうじ》さん、上岡龍太郎《かみおかりゅうたろう》さんが司会をやられていた番組だ。その中の月曜日、「今週のヒットパレード」コーナーでジュリアナ東京など、当時の東京のトレンドが紹介されていた。

　高校に入ってからは、ハードロックのバンドを始めた。アメリカの人気バンド、メタリカをみんなでコピーした。僕はベースとボーカル。ほかの先輩は当時流行っていたBOØWYなど、モテるための音楽をやっていた。「でも僕らは、あいつらとは違うぜ」とものすごく練習した。ドラムの子は家を新築するのにあたって屋根裏にスタジオを作ってもらっていた。そこでひたすら「モテない音楽」を練習していた。

　ついには近所の工業高校の男子が僕らのバンドを観に文化祭に来るくらい、市内では〝テクのあるバンド〟として有名になっていった。ただし、僕らのバンドがやるステージは女子はまったくいないし知らない曲ばかりやるので、いわゆる「スベっている」状態だった。

「地方出身者」あるある……都会コンプレックスがバネになりがち。

高校時代にバンドを頑張りすぎた僕たちメンバーはそろいもそろって全員浪人した。僕は親元から遠い東京に行くことは許されなかったものの、京都の予備校に通うことになった。十九歳でようやく愛媛を出ることができた。受験勉強もそこそこに、愛媛よりずっと品ぞろえ豊富なレコード屋やTシャツ屋に足繁く通うようになる。

受験勉強をしながら、とんねるずさん、ウッチャンナンチャンさん、デーモン小暮《こぐれ》さん、大槻《おおつき》ケンヂさん、そして電気グルーヴの『オールナイトニッポン』をずっと聴いていた。いわゆる「ベタ」じゃない尖《とが》ったものに反応していた。電気の『オールナイト』の「平成新造語」というコーナーは、「角刈りフルスロットル」など言葉と言葉をつなげてその妙を楽しむというものだった。わけがわからなかったが、深夜に声を押し殺して笑いながら聴いていた。今思えばそのネーミングシステムは「南海キャンディーズ」「メイプル超合金」、椎名林檎『無罪モラトリアム』（一九九九年）などへの影響があったかもしれない。

また当時、日本ではノイズミュージックが流行っていて、ボアダムスというバンドが音楽的に最先端だった。ボアダムスは世界中で人気があって、ダウンタウンさんも一緒に曲を出していた。だから「変わった音楽をしなきゃ」みたいな考えになっていた。次第に自分の好きな「感じ」がはっきりと見えるようになってきていた。

「あこがれる」時代も必要だ

愛媛にいた頃は「あこがれ」が苦しかった。行きたくて行きたくてたまらないのに、行けない東京。僕をこんなに狂おしい気持ちにさせる東京。だが、今になって思えばあんなにキラキラとした純粋な感情は、後にも先にもないだろう。とにかくいつも「東京行きたいわ〜」と思っていた。

高校の修学旅行で初めて東京に行った時の感動を、僕は一生忘れないだろう。自由行動ではたいていの生徒はディズニーランドや東京タワーに行くのだが、僕はまさかの神田。当時隆盛を誇っていたハードロック／ヘヴィメタル専門誌『BURRN!』

を出していたシンコーミュージックや、海外直営のＴシャツを売っている店があった。イシバシ楽器という楽器屋さんにもいそいそと出かけた。あの時の興奮はもう味わえない。初めて東京に行った時の喜びは、東京出身者には決して味わうことができない、そして、東京生活が長くなった僕自身ももう味わうことのできない無上の喜びだった。あの忌まわしい「大リーグボール養成ギプス」を初めて外した時の体の軽さたるや！何をしても体が軽い。東京の何を見てもうれしい、楽しい、大好き!!

一九八〇年代、九〇年代の東京は、ギラギラしていて、有名人がいっぱいいて、最先端の音楽が流れていて、僕にとってとにかくかっこいいところに思えた。今でも僕は、渋谷区で生まれ、代官山で育った椿鬼奴《つばきおにやっこ》に「当時の東京の話してよ」「ここは昔何だったの？」「この時どうだった？」と質問ばかりする。東京に住んで十年になる今でも、あこがれの気持ちはやっぱり変わらないのだ。

僕は東京生まれでないからこそ、逆に雑誌に載っていた東京のカルチャーにめちゃくちゃ詳しくなった。若い頃、放出しきれなかった熱は体内に温存され、その後いつまでもワクワクドキドキできるという、「好き」が長続きする原動力になっている。

しつこいが「大リーグボール養成ギプス」で体についた筋肉は一生落ちない。

田舎出身だということをコンプレックスに感じている人はたくさんいると思うし、僕自身がそうだった。でも、あれほどスレない純粋な気持ちを持ち続けられたことは本当に貴重な時間だった。芸人になった今の僕の下地のすべては四国の小さな港町、八幡浜で過ごした、情報が少ない小中高時代に育てられたのである。

「想像力」あるある……満たされないことで育みがち。

当時の僕は、アンテナをしっかり立てないと聴けない電波のよくないFMラジオやBS放送での音楽番組、数少ない雑誌という、その場にある材料で目いっぱい吸収しようとしていた。田舎ではできないことの悔しさで内心いっぱいだったが、当時の僕はいつのまにか、想像力という、かけがえのない能力を育てていたのだった。その筋肉は、大リーグ級にパンパンに育っていた。

面白い人たちが集まる場所

「面白い」というのは個人の価値観だが、その価値観自体がはっきりしないのが学生時代だ。なんとなく仲良くしているけど、ただ帰り道が同じルートだったり、同じ部活動だから、というだけで流されて妥協して、実は友達の考えていることにいまいちピンときていなかったり、今仲良くしている連中よりも、遠巻きに見ている奴らとのほうが話が合いそう、と思ったりした人もいるかもしれない。

中学・高校時代は一クラスの人数もそう多くはないし、一年生も終わればだいたいどんな生徒がいるのかは確認できる。だから、なんとなく気が合いそうな連中を見つけるのはさほど難しいことではない。しかし、大学に入学するとあまりの人数の多さに、逆にどうしていいかわからなくなって孤独を感じてしまうこともある。そうならないためには、自分の嗅覚を磨いておくことが大切なのだ。嗅覚を磨いておけば吸い寄せられるように自然と「おいしいもの」を見つけられる。虫と一緒である。「面白くない」のは、自分自身が面白くないからだ、と僕は思っている。まあ、大学には勉強しに行くのだから、嗅覚を磨きすぎると道を外れがちではあるが。

浪人時代の僕は「音楽、音楽、大学」というバランスの脳だったが、予備校の甲斐あって、一浪の末、立命館大学に受かった。「よし、俺は立命館の音楽サークルに入って、バンドを組んで、先々はミュージシャンだな」と意気込んで大学の音楽サークルをのぞいた。しかしその場所は、僕が思い描いていたような尖った雰囲気ではなく、ほんわかしていて「張り合いがねえな」と感じてしまった。当時僕がピンとこなかったのは、僕のなかにはずっと「奇人集団」というか、とんでもないところに身を置きたいという願望があったからだった。そして音楽サークルには入らず、独自にボアダムスのようなバンドを始めたものの、それほど興奮することはできなかった。

その頃、一方で、学生プロレスが盛り上がっていた。関東の学生プロレスの面白いところだけ集めたビデオが出たり、テレビで特集されたりもしていた。もともと僕は音楽と並行して、熊本時代から祖父と一緒に観ていたプロレスもずっと好きだった。

音楽にモヤモヤを抱えていたある日、「立命館大学プロレス同好会」、通称「RWF」が大学の中庭で興行をやっていた。それを観て僕は衝撃を受けた。「なんなんだ、この異形の団体は！　俺は学生プロレスに行くしかない！」。僕が求めていたものがそこにはあった。当時の立命館大学でいちばんヘンなことをやっている団体が、プロレス同好会だった。音楽でいい同志と巡り合っていれば、音楽のほうに進んだのかもしれない。だがその時、僕にとってはプロレス同好会に面白い人たちがたくさんいた。「ムチャしてんなあ！」という人に目が行ったのだ。当時の京都の学生プロレスは、自然と磁場ができて、「何かをしたい！」と思っていた奴らが集まっている感じだった。

リングの上では半分お笑い、半分本気のプロレスが主流だったなか、マンガの『グラップラー刃牙《ばき》』を読んで「本当に強くなりたい」とガンガンに体を鍛えていた先輩や、ただただ関節技を磨き上げている先輩、また「俺は最強を目指す」と山に籠もる先輩がいる一方で、とにかく試合を見に行きまくり、むちゃくちゃプロレスに詳しいけれど実践はせず、「観戦のプロ」を追究する先輩もいた。要するに、求道的な奇人が多かった。僕もそういうギラギラを求めていた。サークルとしても全然厳しくはなく、「各々《おのおの》の武器を研げ」というような方針だった。だから何かとギラギラした奴らが集まってきていた。その後、テレビ業界に道を拓《ひら》く先輩として、僕らの上の学年に、ユリオカ超特Q《ちょうとっきゅう》さんがいた。同級生はその後議員になったり、構成作家になったり、新聞社に入ったりと、人材が豊かだった。

そして二回生になる直前、同志社大学の団体、『同志社プロレス同盟』（通称「ＤＷＡ」）

に、「一八五センチの、日本拳法をやっていた体ができ上がってる奴が入ってくる」といううわさが入った。二回生から入ってきたそいつは、すぐに頭角を現し、「同志社の次期エースだ」とささやかれていた。この男こそ、のちに僕がコンビを組むことになるレイザーラモンＨＧ、住谷正樹《すみたにまさき》だった。リングネームは「ギブアップ住谷」。特に学生プロレスにありがちな下ネタネームではなかった。エース候補だったのであまり変なものはつけられなかったのだろう。無口な奴だったが、激しさのなかにも時々笑いを入れようとするようなプロレスが印象的だった。「お笑い好きなん？」と尋ねたら、「吉本印天然素材が大好きでバッファロー吾郎さんのファンだ」とのこと。あまり会話を交わすことはなかったが、僕は密《ひそ》かにマークしていた。

「居場所」あるある……アンテナ磨いてたどり着きがち。

学生プロレスの下ネタリングネームには、センスあふれる名作がたくさんある。他の大学の名作リングネームには、「タイガー・ジェット・シン」をもじった「タイガー・ベッド・シーン」。「Do As Infinity」をもじった「童 As Infini 貞」など。リングネームは先輩につけられるのがしきたりだ。現在もだが、僕は坊主頭だったことから、リングネームは「チン先真性」。新崎人生《しんざきじんせい》というお坊さんレスラーが元になっている。

大学に入った当時、「へんなことをしたい」と思っていた僕が、いちばん「へんなことをしている奴らがたくさんいる」と直感したのが、立命館大学プロレス同好会だった。だがその嗅覚はその時いきなり敏感にしようとしたってできるもんじゃない。幼い頃から真剣に音楽を聴いたりプロレスを観るなかで嗅覚が敏感になりすぎて、もう普通の仕事にはつけなくなってしまったが。

そして僕たちのひとつ下の学年に、まさに「百年にひとり」の逸材が入部した。現在新日本プロレスのスター選手、棚橋弘至《たなはしひろし》だ。棚橋は、入ってきた時から違った。天才は世に選ばれる。シーンの盛り上がりと、本人の持っていたポテンシャルが引き合ってぶつかり合い、天才が生まれることがある。僕は棚橋弘至がプロレスラーとしての才能を開花する瞬間を間近で見てそう感じた。

WWEとWCWといった九〇年代前半当時のアメリカンプロレスの盛り上がりや、新日本プロレスは武藤敬司《むとうけいじ》、蝶野正洋《ちょうのまさひろ》、橋本真也《はしもとしんや》の闘魂三銃士、全日本プロレスは三沢光晴《みさわみつはる》、川田利明《かわだとしあき》、田上明《たうえあきら》、小橋健太《こばしけんた》（現・建太）の四天王、大仁田厚《おおにたあつし》のFMWは電流爆破、女子プロレスブーム、さらに学生プロレスの盛り上がりを含め、我々RWFの求道的な先輩たちのわけのわからない集合体からも、プロレスラーになりたいと思ってプロレス同好会に入ってきた元高校球児の棚橋が、いろんなものをどんどん吸収していったのだと思う。そして、同じ空気を吸っていた僕らも一緒に引き上げてもらったような気がする。

「天才」あるある……周りに火をつけがち。

しかし、引き上げてもらう側も、そういう場所にいあわすには、普段の努力も嗅覚も大事なのだということを忘れてはならない。

ブームにいあわせる

まったくシーンが盛り上がっていない時にその業界に飛び込んだり、せっかくそのシーンにいても近くに天才がいたことにも気づかず生活して、何事もなく通り過ぎてしまうこともある。嗅覚がないと面白いことも「見逃しがち」なのだ。刻々と状況が変わってブームのなかに身を置いていることほど興奮することもないだろう。そしてそういう場所には、同時多発的にいろんなことが起きる。

今振り返っても、当時の学生プロレスはいいことづくめだった。当時、立命館大学にはアマレス部がなく、ひとりのコーチとひとりの選手が、柔道部の練習が終わってから柔道場で黙々と練習していた。正式にアマレス部を作りたいけれども、リーグ戦に出るにも人数が足りないという。そこで僕らプロレス同好会が人数合わせで参加し、アマレスの大会に出場していた。ここで棚橋もアマレスの技術をガンガンに身につけていった。僕らもアマレスで培った動きがリングで活かされ、その後、芸人になって劇場に出た時もアマレスの動きを取り入れたりした。

当時、「同志社プロレス同盟」の創始者のひとりである田中正志さんがアメリカにいて、アメリカのプロレス「ＷＷＦ」と「ＷＣＷ」のビデオを毎回送ってきてくれていた。それを観て、勝敗にこだわるのではなく、「わかって楽しむ」というプロレスの楽しみ方を知った。アメリカンプロレスは、格闘技プロレスに比べると大げさで、ストーリーが続いていて、ドラマのように見せる。たとえば偉大なチャンピオンと挑戦者の試合があるとする。それまでに何か月間かかけて、そのふたりがなぜこの試合を組むに至るか、ここでモメてここで一回負けたからリベンジがある、というようなストーリー立てがされていた。そのストーリーの仕立て方がとにかく勉強になった。

当時、日本でプロレスはバカにされがちだったが、「アメリカのプロレスはすごいことになっている」とはっきり感じた。加えて技術がしっかりしていた。アメリカンプロレスは、当時の自分のなかで最先端スタイルだった。はしごをうまく使ったデスマッチをやり、プロレス会場にトラックで乗り込み、カーチェイスをしながら会場に着いてまた殴り合ったりしていた。僕たちはそれを腹を抱えて笑いながら観た。

その頃から時々、東京にプロレスを観に行くようになった。当時、『週刊プロレス』が百万部売り上げていた頃だっただろうか。ターザン山本さんが編集長で、『週刊プロレス』は日本のイケてるメディアだった。プロレスはドーム興行でバンバンお客さんが入った。格闘技寄りのプロレス団体ＵＷＦから派生したリングス、パンクラスそしてＫ－１、ＰＲＩＤＥといった格闘技イベントにつながる流れの始まった頃だ。

ＰＲＩＤＥはその後、お茶の間にまで人気を博した。当時、僕は試合もしてなければ運営にも関わっていないただの観客だったが、初期ＰＲＩＤＥにはブームになる直前の「爆発寸前の瞬間を楽しんでいる自分は今、最先端にいるんだ」という満足感があった。テレビで放送される前から観ていた人、現場にいあわせた人は自慢しがち。テレビで話題になる頃は冷めている人いがち。

「ブーム」あるある……ブームになる直前がもっとも熱ありがち。

「○○がブーム」と言われ出した時点で本当のブームは終わっているのかもしれない。

自分の可能性を探る

子どもの頃からの夢、たとえばずっとプロ野球選手になりたいと言って本当になった人たちがうらやましい。小さな頃から卓球一筋、世界で戦う福原愛ちゃんなど典型だ。僕は大学時代、プロレス以外にも貪欲《どんよく》にさまざまなものを吸収しようとしていた。いわゆるサブカルと呼ばれるもの全般に興味があり、ジャンルを超えて同じ匂いのするものを吸収しようとしていたのだ。

あらゆることを試し、そのたびに将来なりたいものが変わった。節操がないと言われればその通りなのだが、まだ若いうちは自分が気になったものはとにかく試してみたらいいと思う。いろいろ試してみることで、自分の可能性がわかり、目指すべき方向が見えてくるんじゃないかと思う。学生プロレス時代、僕はレスラーよりもどちらかというと実況解説寄りで、メインの試合では完全に実況解説を任されていた。小ずるい、ちょっと笑いも取りに行くレスラー兼実況解説をやっていた。

信じられないかもしれないが、この実況解説であまりにも笑いを取っていたので、自分で言うのもなんだが、後輩たちが「出渕さん（RG）が卒業したら僕らのサークル、暗黒の時代が訪れるんじゃないか」と危惧《きぐ》したくらいだった。当時僕がいちばんなりたいと思っていたのは、古舘伊知郎《ふるたちいちろう》さんみたいなアナウンサーだった。実況には自分の好きなものが集約されていた。小学生時代、僕に多大な影響を与えた『こち亀』や『パタリロ！』をはじめ、今まで生きてきたなかで影響を受けたカルチャーをすべて詰め込んだ。初めて表現する側に来た感覚だった。

もちろんお笑いも好きだった。当時は大川興業さんのお芝居をよく観に行っていて、「おお、尖ってるな！」と興奮したりしていた。小学生時代にテレビでは、ドリフターズや『オレたちひょうきん族』もよく観ていた。どちらも笑いに音楽を取り入れているところが好きだった。ひょうきん族も替え歌がいっぱいあったし、「ひょうきんベストテン」ではモノマネもあった。

僕は漫才や新喜劇には触れてきていなかった。あまり「大阪のお笑い」というのがわかっていないままテレビのお笑いを観て育った。はっきりと、大阪の「お笑いって面白い！」と気づいたのは、大学に入ってからだった。当時つき合っていた彼女が、心斎橋筋《しんさいばしすじ》2丁目劇場によく行っていて、テレビで放送していた『WA CHA CHA Live!』もよく観ていた。当時のトップは千原《ちはら》兄弟さん、ジャリズムさん、中川家《なかがわけ》さん。同時に『タモリのボキャブラ天国』のブームで、僕がお笑いのなかでいちばん追いかけていたのはネプチューンさんだった。ホリケン（堀内健《ほりうちけん》）さんが突破口を作って、そこに原田泰造《はらだたいぞう》さんが乗っかって、さらに膨らますという流れが最高に面白かった。

当時の彼女はお笑いとサブカルに詳しく、彼女の影響で僕も『ガロ』というマンガ雑誌にハマった。みうらじゅんさんや根本敬《ねもとたかし》さんのいわゆる「ヘタウマ」と言われるようなテイストのマンガがすごく面白くて、「そういうセンスで攻められるんだ」ということを知った。大学も半ばを過ぎた頃、「尖ったところに身を置きたい！」という気持ちからぼんやりと、みうらじゅんさんのような活動をしたいと思っていた。それにはまず、マンガ家になるしかない。アングラ文化を貪るように求めた。杉作《すぎさく》J太郎《じぇいたろう》さん、根本敬さん、当時まだプロレスライターだった吉田豪《よしだごう》さん、そしてまだ『映画秘宝』の編集長だった町山智浩《まちやまともひろ》さん。彼らの本を読み、足繁くイベントに通った。

大学二回生からは、マンガを描いて毎月『ガロ』に投稿するようになり、投稿は四回生の途中まで続いた。東京の『ガロ』の編集部に持ち込みにも行った。でもそこで、「とにかく自分の好きな漫画家の模写をしなさい」「とにかくいっぱい描きなさい」というアドバイスをもらう。この編集者の言葉を思い切り受け止めた僕は、「ようし、わかった。オレはいっぱい模写して『ガロ』で描く作家になる」と、『ガロ』と言えばつげ義春《よしはる》、という発想から、つげ義春さんの絵をとにかく模写する日々が始まった。

劇画とまではいかないけど、ギャグでもないマンガをずっと描いていた。今考えると、模写も、その人の特徴をつかむという意味ではあるあるだったのかもしれない。とにかく描いて描いて描きまくって、最終的に画風はかなりつげ義春さんぽくなった。ただずっと何の賞にもひっかからなかった。唯一のご褒美は、もうこれで最後にしようと、『週刊ヤングマガジン』に出した作品が、「もう一歩で賞」に入って「ヤンマガ特製原稿用紙」百枚とヤンマガ特製テレホンカードをもらったことだった。

「可能性」あるある……試すことで己を知りがち。

いろいろ試してみたが、何も無駄だったとは思わない。バレーボールの選手も、ミュージシャンも、アナウンサーも、マンガ家も自分には向いていないということがわかったからだ。つまり若いうちに可能性を試してみることで、その道が自分に合っているのか、合っていないのかがわかり、しだいに己を知ることにつながったのだ。

最初から「無理だ」と可能性を試さずに若い時代を終えてしまったら、「自分は本当はアナウンサーになってNHKでオリンピックの実況をしてたかも」とか「紅白出場歌手になってNHKのオリンピックのテーマ曲を歌っていたのかも」「バレーボールの日本代表でオリンピックに行けてたかも」などと満たされない思いを抱えながら老いていくことになるかもしれない。まあバレーボールに関しては運動能力と背の高さでいちばん早くあきらめはついたが。

チャンスをつかむ

チャンスは突然やってくる。というかあきらめた頃にやってくることがある。というかあきらめて他のことをしていたほうがチャンスは来がちである。

プロレスとマンガとお笑いにハマっていろいろ目指したいものが生まれたものの、みうらじゅんさん的活動の前段階としてのマンガ家への夢はあきらめた。相変わらず親に対しては真面目だった田舎生まれの僕は、アッサリと、大学四回生の春早々にトヨタ自動車のディーラーに就職を決めた。このまま無難にサラリーマンとして生きていくのだと思っていた。しかし残りの大学生活に時間ができた。

思い出作りのような感覚で、「お笑い好きそうやし、なんかちょっとできそうやなあ」とかねてから思っていた住谷《すみたに》くん（のちのＨＧ）に、「ちょっとお笑いのオーディションを受けませんか」と声を掛けた。住谷くんは既に「コープ神戸」に就職を決めていた。それまであまり話をしたこともなかったが、「卒業記念に」と意見は一致し、2丁目劇場のオーディションライブ「SABIKI」に出場することにした。当時は吉本興業に入るためにＮＳＣに入るというような情報もなかった。一九九七年の夏だった。

会話もまだぎこちないふたりでいろいろなネタを考えたものの、なかなか浮かばない。悩みまくったあげく、僕たちが四年間何をしてきたかと考え直したら、「プロレスしかない」という結論に至った。

初めて僕らが作ったのは、プロレスをして背中にパンチしたりしながら「消費税反対！」などと政治について叫ぶネタだった。元になったのは、僕が大好きだったネプチューンさんのネタ。ホリケンさんが何かを言いながら泰造さんや名倉潤《なぐらじゅん》さんを叩くというネタがムチャクチャ面白かったのでパクらせていただいた。これがプロレス技を活かすのに適していた。住谷くんも「これやったら楽しくできるね」と大いに賛同し、僕らは2丁目劇場のオーディションに出場した。コンビ名はダウンタウン、ウッチャンナンチャンのように「ン」が二回つく名前がいいということで「ピョンヤン」にしようとしたが、のちのち活動しにくくなるかと思い、大好きだったアメリカンプロレスの当時のトップレスラーのリングネーム、「レイザーラモン」から頂戴した。

ほんの「記念受験」のつもりだった。ところが、自分たちでも驚いたことにこれが大いにウケた。記念受験としてリラックスして臨めたのがよかったのかもしれない。気をよくした僕たちは、そのまま、翌月に開催される「今宮《いまみや》こどもえびすマンザイ新人コンクール」に応募して、同じようなネタをやろうと決めた。「今宮こどもえびすマンザイ新人コンクール」は、古くは宮川大助花子《みやがわだいすけはなこ》師匠から、ダウンタウンさん、ナインティナインさんも受賞している由緒正しい賞だ。その大会に出場した僕たちは、初出場にしてなんと、優勝してしまった。大阪の三百組ぐらいの若手の頂点に立った。僕たちは完全に、間違いなく芸人としての才能があると思い込んだ。なんとこの時僕らは、東京のプロダクションからも声を掛けられた。

親にも「こんなすごい賞を取ったので、お笑いやってもいいよね？」と、俄然《がぜん》説得しやすくなった。大学を卒業し、会社で働きながら、日曜日だけ芸人をやるという生活がしばらく続いたが、入社三か月で、僕はトヨタを退社。HGも「それに続け！」と上司に相談しに行くと、「規則で半年は辞めてはいけない」ということで、半年間勤めて退社した。こうして僕たちは本格的にお笑いの道に進むことになった。

「小さい頃から好きなもの」あるある……あとで身を助けがち。

ある時は風呂に入りながら、またある時はバイクに乗りながら、僕は子どもの頃から今に至るまでいつも歌っていた。思い出すと、僕の父親はかなりアウトドア派で、休みになるといつもカブトムシを採りに連れていってくれた。その道中、車のなかではずっと松山千春《まつやまちはる》と井上陽水が流れていた。松山千春の『銀の雨』（一九七七年）、『季節の中で』（一九七八年）、井上陽水の『夢の中へ』（一九七三年）、『帰れない二人』（一九七三年）、『闇夜の国から』（一九七四年）、『ゼンマイじかけのカブト虫』（一九七四年）などはあまりに聴きすぎて、僕は曲を完全に覚えた。

そういう一曲一曲が、すべて今のあるあるに生きている。体に染みついた曲に「あるある言いたい」という歌詞を乗せていく。それに原曲の「ここは忘れたくない」と思う歌詞、いや正確には「他の歌詞は忘れてるけどここは覚えてる」と思う歌詞がちょっとだけ乗る。歌い続けていてよかったと思う。今あるあるを歌っているのは、小中高大学時代にやっていたことの集大成だ。長い間聴いてきた積み重ねがあるから、今あるあるで、リズム通りにちゃんと歌える。「本当は歌なんて好きじゃないんじゃないか」と思われるのがイヤだ。ナメられたくないというのが正しいのかもしれない。

何かをやるのなら「すごく好きだ」ということをちゃんと伝えたい。「好き」じゃないのにビジネスで、上辺《うわべ》だけで歌っていると思われたくないのだ。

テニスサークルなどに入ったら男女の出会いもあり、合コンしたり、そこでちょっと好きな女の子ができたり、その子と祇園祭《ぎおんまつり》に行ったり（京都では「デート」あるある……祇園祭行きがち）と、楽しいであろう大学時代、暑苦しいプロレスTシャツを着て、後ろ髪を伸ばして、なんの意味がある？　ファミコンして、『週刊少年ジャンプ』読んで、みんなと一緒の塾に行ってたら楽しかっただろうに。そんなこともせず『CDジャーナル』を買って、毎日のようにラジオを録音して、何になる？

芸人を始めたばかりの頃は、今まで好きだった音楽もサブカルも何も意味がない、お笑い業界に入っても全然これらを活かせる場所がない。自分の生きてきた過去には、誇れるものなんかないと思っていた。しかし今ようやく、音楽も、サブカルも、プロレスも、全部活かすことができている。ムダなことなんて何もなかった。

自分のお笑いのスタイルのなかに、今までの人生で身につけたことが少しずつ放出されている。時が経って、やっておいてよかったなと思ったものがたくさんある。若い時何かに熱中するっていうのは大事なことなのだ。バービーボーイズのアルバムを擦り切れるほど聴いて『目を閉じておいでよ』（一九八九年）を覚えておいてよかった。昔はネタにしようなんてまったく思わなかった。女子中高生にバービーボーイズがウケるわけない。しかし今僕と鬼奴のバービーボーイズの動画は数十万回再生されている!! 見たか！ あの頃の女子高生め!!

今何かに本気になれない、という人は多いかもしれないけど、ひとつ「これが好き」と少しでも思ったら、それ自体が自分の仕事にならなくても、その過程は必ずその人の力になるはずだ。「今宮こどもえびすマンザイ新人コンクール」で福笑い大賞を受賞した時、当時審査員を務めていた『新婚さんいらっしゃい』などを手がけていた放送作家の尾上《おのえ》たかし先生に言われた言葉がある。「お笑いやるにあたって、一貫したテーマはあったほうがいい。君らにとってそれはプロレスや」。

この言葉は後々まで響いた。その時は、プロレスで賞を取ったからそう言われたのかなと思った。ところがその後、苦しい時、人気がなくなり、僕らの気持ちがしぼんだ時にいつも必ず助けてくれたのはプロレスだった。

第4章
どん底時代をどう生きるか

下積み時代は目の前の仕事しか考えない

学生からほぼスンナリ芸人になった僕とHGだったが、その後長い長い下積み時代が訪れるとは想像もしていなかった。即売れて、引っ張りだこになると思っていた。

下積み時代というのは、いつ終わりが訪れるかわからない。一生このままなんじゃないかとか、今やっていることは全部無駄なんじゃないかと思えたりもする。また、いろいろ未熟でダメなところも多いから、とにかく何をやってもうまくいかず、怒られてばかりな時期でもある。つまり、しんどい。堂本剛《どうもとつよし》さんの番組名にもあったが、「正直しんどい」。「しんどい」と聞くと、『堂本剛の正直しんどい』を思い出しがち。

特に芸人や、スポーツ選手、作家や料理人など、技を磨く仕事に就いた人はみんな、デビューと共にいつ終わるとも知れないこの下積み期間に突入する。いやしかし、技術職に限らず、社会に出たばかりの人は皆下積みから始まると言ってもいいだろう。サラリーマンだって似たようなところがあるとは思う。入社当初は横並びだったはずの同僚と、気がつけばどんどん差がついてきて、いつまでも自分だけ下っ端仕事しかやらせてもらえないということも出てくるだろう。そんな時代を乗り切れずに辞めていく人もいるはずだ。もちろん合わないことを無理に続ける必要はない。だけど、一度自分が「この道だ」と信じたら、すぐにあきらめずにとりあえずその場所で一生懸命やってみることが大事だと僕は思っている。その経験から得られるものは大きい。「一生懸命」はひとつのところで頑張る、「一所懸命」の意味を指すと言う人いがち、なのだ。

吉本興業に入った僕たちは、心斎橋筋2丁目劇場に所属することになった。当時は先輩がゲームで負けて、「罰ゲームはこいつらだ!」と言われてリングコスチュームで登場し、プロレス技、特に見栄えのいいロメロスペシャルを僕らがかける「罰ゲームマン」のようなことをやっていた。

一方で、ネタのほうはプロレスを取り入れた、体を動かすコントをやっていた。2丁目劇場は女子中高生ファンが多いためか、全然ウケない。裸で出るだけで、「キャーッ」という、黄色い歓声ではない、拒絶の悲鳴が上がる。胸にチョップをしたり激しい関節の取り合いをしても「シーン」となる。お客さんが引いてしまうので、胸毛や脇毛など、あらゆるムダ毛を剃《そ》った。それでも引かれるので、スーツも着てみた。それでも全然ダメだった。足元だけは変わらずレスリングシューズだったが……。

一九九九年十月、僕たちは毎日放送の『クヮンガクッ』という番組のレギュラーに選ばれた。陣内智則《じんないとものり》さん、ロザン、チュートリアル、レイザーラモンで、梅田《うめだ》から難《なん》波《ば》へただただ何かキツいことさせられながらゴールを目指すという関西ローカルの番組だ。いわゆる「芸人の体張り系」の番組だった。たとえば人気企画としては、「レシートすごろく」という企画で、陣内さんが道行く人にレシートを見せてもらって、レシートが「阪神百貨店のイカ焼き」だったらゴール。レイザーラモンには「梅田から難波まで日なただけ通って行け」という指令が来た。どうしても高速の高架なんかがあって、日陰に入ってしまう。「どうやって行くねん!」となるが、一回御堂筋《みどうすじ》を離れて高架がなくなる所まで行って、別の方向に日が出るのを一日待つ。また、夕方になると自動的にロケは中断。二、三日かけて移動するのだ。しんどいロケだったが、なにせテレビに出るのは初めてだったし、必死だった。ところがこの必死さは別の方向、つまり「尖りたい病」を発症させた。ちょっと高い所があったら飛んでみたり、街中《まちなか》でちょっと危険な技をかけてみたり。ＨＧはゴールした瞬間、大好きなハルク・ホーガンの真似をしてＴシャツをビリビリに破って喜んでみせた。

しかし撮影が終わってから、スタッフに焼き肉屋に呼ばれた。「そういうのいらんねんな。若手がただただしんどい目にあうっていうのが、見たいねん。君らプロレスやってて体力あるからずっと元気やしな」。そのスタッフは続けた。「会議で、レイザーラモンどうする？　みたいになってんねん」。僕らは食らいついた。「もう一回チャンスください！」。必死の願いに、スタッフも答えてくれた。「もう一回だけチャンスやろう。やる気、見せてみろ」。ここまではよかった。「頑張ります」みたいな一言でよかったのだ。今振り返ってもそう思う。しかし、またここで、僕の「尖りたい病」が発症してしまった。

「僕の意気込み見てください！」。僕はそう叫ぶと、机に置いてあった壺《つぼ》に入ったコチュジャンを一気に食った。猛烈な辛さが体中に襲いかかる。

「うっゴホゴホゴホ！　が…頑張ります‼」

そこにいたスタッフも社員も完全に引いていた。せめてここまでで止めておけばよかった。しかし次は相方、ＨＧが発症した。「僕も頑張ります！」。ＨＧはそう叫ぶと、焼き肉を焼いていた網に手をバーンッと叩き付けた。しかし……あれ？　熱くない。肉も焼き終え、しばらく時間が経っていた網はそんなに熱くなかったのだ。せめてここまでで止めておけばよかった。だが焦ったＨＧは、瞬時にコチュジャンの横にあった豆板醤《とうばんじゃん》の壺を手に取った！「もう一回頑張ります！」そう叫ぶと、豆板醤を目にすり込んだ！「ギャーッ！」あまりの痛さに雄叫《おたけ》びを上げると、目を真っ赤にしたＨＧは店の炊事場に駆け込み水道の水で猛然と目を洗った。「すいません、すいません」。真っ赤な目を洗いながら謝り続けるＨＧの姿を生涯忘れないだろう。

僕もＨＧも、プロレス的なデスマッチを見すぎていて、より危ないことしたい、より尖りたいという欲求が、カメラも回ってない焼き肉屋で、スタッフさんを前に出てしまったのだ。そして僕たちは、それから二度と番組に呼ばれなかった。数年後、その番組が終わる時、総集編が放送されたが、レイザーラモンの場面はなかった。レイザーラモンはいないものとされたのだった。ひょっとしたら、今はそんな無茶苦茶な若手はいないから、逆にスタッフも楽しんでくれたかもしれない。だが当時の関西のテレビ局は、とにかくちゃんとした、イロのいい若手を欲しがっていた。キングコング、ロザン、ランディーズといった「ウエストサイド」というユニットが大人気の頃だ。僕らを必要とする場はなかった。

だが、ひどいバイトや信じられないくらいの貧乏暮らし、さらには親の離婚、大ケガ、ブラックな職場といった厳しい環境も、「しゃべるエピソードになるやん」と思える。実際、下積み時代はエピソードが満載で、のちのち身を助けがちなのだ。ただそれも僕自身、お笑い芸人になってみてから気づいたことだ。すべてのことは有名になったら『ダウンタウンDX《デラックス》』や『踊るさんま御殿!!』でしゃべれる、または芸人ではない人も、飲み会の場なんかで「しゃべれる」と思えば、今しんどいことも笑って話せる日が来る。品川庄司の品川さんは、「厄年《やくどし》、いいじゃない」と言う。不幸なことが起こったらそれだけエピソードにできるんだから、厄年どんどん来い、と。僕らの長い下積み時代も、まさにそんなエピソードが満載だった。っていうか、そう思わなきゃやってられなかった!

「若い時の失敗」あるある……のちに身を助けがち。

これをしゃべれば絶対ウケる「テッパン」のエピソードは、だいたい下積み時代に作られる。それは必ずしも芸人だけに限らない。自慢話をするよりも、失敗エピソードや若さゆえの過ちは、必死であればあるほど、後になって笑えることがある。逆に、いい加減な気持ちでやっていることは、笑える話にはなりにくい。だから、どんな時代も手を抜かずにやっていると、時間がかかっても何かにつながることはある。

怒られるならよりひどく怒られろ！　失敗するならより大きな失敗を！　ケガはより重傷なほうが強力なエピソードになる!!　苦しい環境はチャンスだと思ったほうがいい!!　たとえば、ソラシドの本坊元児《ほんぼうげんじ》という芸人は、地獄のような現場アルバイトを笑いに変えている。そして地獄のバイトの日々を綴った『プロレタリア芸人』（二〇一五年）という本を書いて注目されている。ひっそりと、とろサーモンの村田秀亮《むらたひであき》の手により映像化もされている!!　ホリエモン（堀江貴文）にしてもそうだ。刑務所に入っても『刑務所なう』というツイッターをつぶやき続け、出所後はそれを本にまとめてビジネスに変えていく。転んでもタダでは起きないということだ。

自分たち「らしさ」をわかってくれる場所

下積み時代は、自分がダメだから、才能がないから認められないと謙虚すぎて真面目になってしまうか、自分には才能があるのに周りがセンスがなくてちっともわかっていないと、自意識過剰な暴れん坊になってしまうかの、どちらかになりがちだ。だが、実はそのどちらでもないのかもしれない。もしくは、そのどちらもなのかもしれない。つまり、自分たちのよさを認めさせる状況をまだ作ることができていないということだ。自分は白鵬《はくほう》なのか、朝青龍《あさしょうりゅう》なのか、それともコミカルな高見盛《たかみさかり》なのか、自分がどのタイプの力士かを周囲にわからせるには、少し時間が必要だったりする。しかし、その時間を相撲で言うところの「かわいがり」（厳しい稽古のことを表す相撲界の隠語）に耐えられるかどうか。それは、自分たち「らしさ」をわかってくれる人たち、相撲で言うところのタニマチが、たとえ少なくても周りにいるかどうかにかかっているのかもしれない。

コチュジャン一気食いし豆板醬を塗りたくったという話も、バッファロー吾郎さんたち（相撲で言うところの親方か）の前で話すと、ゲラゲラ笑ってくれた。その笑いのおかげで、このくだりは自分たちのなかでは正当化された。番組を下ろされたのは悔しかったが、バッファロー吾郎さんたちに笑ってもらえたことだけはうれしかった。

「爆笑新ネタ逆転満塁ホームラン寄席」は、劇場の人気者ではないが、ちょっと尖った、本当に面白い人たちが集う、若手芸人が憧れるイベントだった。僕たちは、大好きなケンドーコバヤシさんやバッファロー吾郎さんに目をかけてもらってこのイベントに呼んでいただいた。そして、今まで女子中高生たちに引かれて全然ウケなかったネタもホームラン寄席ではめちゃくちゃウケた！　ホームラン寄席に出ることが、その時の僕たちにとってもっとも重要なことであり、下積み時代の唯一の救いだった。

毎回新ネタを持っていった。自分たちの好きなものを全開にしたネタだった。他の芸人のネタを見ながら、「こういうのがウケるんだ」と勉強しながら探っていた。当時は、バッファロー吾郎さん、ケンドーコバヤシさん、また陣内智則さんもピンネタを始めたばかりで、小籔さんがいたビリジアンさんも出ていた。「キャーキャー」言われない人たちが、自分の好きなネタを持ってきて好きにやっていた。あの頃、僕たちはここに出ていることでなんとか自分たちのアイデンティティを保っていた。次第に「ホームラン寄席でウケればいいや」とさえ思うようになっていた。

「下積み時代」あるある……心のより所に救われがち。

下積み時代、自分たち「らしさ」を失わず、個性を矯正しなくて済んだのはホームラン寄席という土俵、いや、バッファロー吾郎部屋のおかげだ。可能性が未知数の段階で、ネガティブな意見ばかり聞く必要はない。苦手なところを直すことに集中するよりは、少しでも褒められたらそこを伸ばしたほうがいい。

どん底時代の可能性

下積み時代や調子の悪い時は、もちろんけなされることのほうが多い。今やアメリカのバスケットボールリーグ、NBAを代表する選手になったステフィン・カリーが、自分の成績やチームの状況に悩んでいた時に、すでにNBAの顔になりつつあった先輩選手、レブロン・ジェームズが言った言葉がある。「成績が低迷している時は、いろんな人があぁしろこうしろと言ってくる。でもそれにはあえて耳を貸さないほうがいい。今は何かひとつ信じたらそれだけをやれ」。カリーは3ポイントシュートが得意だった。レブロン・ジェームズの言葉を信じたカリーは、ただただ3ポイントシュートをやり続けた。それが今やカリーの武器となり、世界を代表するバスケット選手になったのだ……いや、バスケかい。相撲のたとえじゃないんかい、という意見は置いといて。

僕らも実は、女子中高生の反応に引かれすぎて、次第にプロレス技をやらなくなった時期もあった。目の前の客を笑わせようと焦って、プロレスを捨てかけた。そこで「女子中高生たちにウケなきゃ」という気持ちがもっと強ければ、もっと早く世に出られたかもしれない。茶髪にしてワックスで無造作ヘアーを作り、腕にジャラジャラなんかつけて舞台に出てれば少しは人気が出たかもしれない。でも、プロレス同好会の教えであり、尾上たかし先生の教えでもある「らしさ」を表現したほうがいいと思った。そのほうが結果として、早く売れはしないけれど長く売れることはできた。「長く売れる」は言い過ぎました。低空飛行ながらなんとか食べていけています。すいません。

人生には絶対に波がある。悪い時は自分が得意なことはなんだろう、好きなことはなんだろうと、自分を見つめ直す時間だ。それはつまり、自分がわかる時期なのだ。仕事がない時を通常と思ったほうがいい。仕事があってラッキーと思ったほうがいい。

『クワンガクッ』を下ろされ、しかもその番組にいなかったことにされて落ち込んでいた頃、フジテレビの『新しい波8』のオーディションがあった。『めちゃ×イケてるッ！』のような番組を新しく作るため大規模なオーディションを行なって芸人を選抜し、選ばれた八組の無名の芸人は毎回三十分間ネタをできるという、『はねるのトびら』の前身番組だった。その『新しい波8』のスタッフが、大阪ｂａｓｅよしもとにネタを観に来た。ｂａｓｅよしもとからは三十組くらい選ばれ、最初に抜けて番組をやることになったのが、フットボールアワーさん、その次が僕らだった。ネタ見せのために泊まりがけで一週間フジテレビで過ごした。ネタを作っては見せ、作っては見せ、フジテレビのお風呂を借りていたら、横にとんねるずさんの野猿《やえん》のメンバーがいて「うわ、東京だな」と感じながら、ひたすらネタを作った。

手応えは少し感じていた。舞台の上でプロレスみたいに動く芸人は、なかなか他にはいないんじゃないかと思っていた。しかし収録が始まって、スタッフさんが言った。

「前に録《と》った人たちの映像、何組か見る？　お薦めはロバートやで」。当時僕たちはまだロバートを全然知らなかった。そしてＶＴＲを見て衝撃を受け、動揺した。ただただ、しつこく同じことを繰り返す、それまで見たこともないコントだった。ものすごく面白かった。だが焦りながらも、変わり種ぶりでは負けてないと自分たちを励ました。しかし今考えたら、当時の僕たちは、面白さを追究するというより、どれだけ変わったことをしようかということに頭を使いすぎていた。当時、僕もＨＧも、ものすごく体がキレていた。板の間でピョンピョン飛び跳ねたり、バック転も完璧にできていた。お笑いというよりも、驚かせたいと思ってしまっていた。今となっては、あそこに入れてもらっただけでもありがたいと思う。僕たちは落ちた。

『クヮンガクッ』を下ろされ、『新しい波８』の予選もダメ。さらに『爆笑オンエアバトル』も落ち、僕たちは、最初のどん底を見た。だが、オンエアバトルで同じ収録に挑んだ後輩のキングコングに大差をつけられて負け、楽屋に戻ってきた時、当時底ぬけＡＩＲ－ＬＩＮＥというコンビを組んでいた古坂大魔王《こさかだいまおう》さんが、ただひとり拍手して待っていてくれた。そして言ってくれたのだ。

「オレ、こういうの大好きなんだよね」

その言葉は、その後もかなり心の支えになった。


「スランプ」あるある……自分の特技を発見しがち。


「これは得意だろう」ということを、それだけする。それだけ伸ばす。それが、仕事のない時期にやることだと思う。

ただオンエアバトルでは僕たちに投票してくれた観客はわずか数名、転がってきた投票のためのボールは六個だったという現実には目をそらしていた。ネガティブなことからはできるだけ全力で目をそらそうとしていた。

居心地のよい世界からあえて飛び込む「一般の森」

今いる場所にいて伸び悩んでいるのなら、自分たちの居心地のよい場所から一歩飛び出して外の世界を見てみること。それは「合う」「合わない」を超えた、世の中を知ることにつながり、己を知るいい経験になることもある。細胞を弱酸性溶液に浸しを成長をてできるとされたSTAP細胞ではないが、刺激を受けると人間は何かしらの成長をすると思う。突出した才能がある人だったら、放っておいても広い世界でグングン頭角を現していくかもしれない。しかし僕たちは違った。もちろん、自分たちなりの「よさ」はあるし、それを認めてくれる人たちもいる。だけど、それを多くの人に訴えるにはどうすればいいのか方法がわからないまま、時が過ぎていた。STAP細胞なら世界的学術雑誌『ネイチャー』に発表することができたが、レイザーラモンは時々、吉本興業発行のお笑い雑誌『マンスリーよしもと』に出るくらいで、このままでは何も変わらないという閉塞感が漂っていた。

二〇〇〇年当時、僕たちの心のより所であり、僕らが唯一、力を発揮できる場所だったホームラン寄席。だがそのホームラン寄席の先輩たちも、どんどんオーバーグラウンドで活躍し始めていた。バッファロー吾郎さん、ケンドーコバヤシさん、小籔さん……現在は超メジャーな活躍をしている先輩方だ。そしてホームラン寄席のメンバーの若手にも、笑い飯、千鳥などが出てきて、僕らは何をしても通用しない八方塞がりな状況に陥っていた。いっそのこと東京に行こうか。その頃僕は、今の妻と既に同棲を始めていた。東京に連れていって食っていけるかわからない。

第2章でも少し書いたが、そんな僕らのもとに吉本新喜劇からのお誘いが舞い込んだ。二〇〇一年十一月、レイザーラモンは新喜劇に入団した。大阪で新喜劇に入るということは、メジャー企業に入るようなものだ。マニア受けを狙って生きてきた僕たちが、突然大メジャーな「一般の森」で生きていけるだろうか。だが、これも何かの縁だと思うことにした。右も左もわからない状態の新喜劇で、僕たちはチンピラの役を任された。プロレス技の動きでチンピラの役割を際立たせる、激しいチョップや見た目がすごいロメロスペシャルは、なんばグランド花月の大きな舞台でも映えた。またしてもプロレスが僕たちを助けてくれた。新喜劇は昼間に公演があるので、空いた夜はバイトにも精を出し、当時は、ホームラン寄席にも出ず、毎年出させてもらっていた『オールザッツ漫才』という、関西の年末番組にも呼ばれなくなった。そのかわり正月から新喜劇に出ていた。

東京への気持ちは、一旦置いておくことにした。新喜劇内で頂点を取ろうと思っていた。新喜劇で得たものでいちばん大きかったのは「一般の森」のルールを身につけられたことだ。「一般の森」を通り抜けたことで、僕は一般の人の常識、つまり、一般のあるあるを把握することができたのだ。お弁当を食べながら見てるおじいちゃん、おばあちゃん、落ち着きのない修学旅行生、うるさい酔っ払いなどなど、ホームラン寄席とは違うなんばグランド花月の客層でのウケ方を研究することは、その後の僕たちにとって大きな蓄積になった。世間の常識に合わせる必要はない。でも、常識を知っておく必要はある。相手を知ることで、自分の戦い方を知ることができるからだ。

「世間のルール」あるある……身につけておくと武器になりがち。

共通の話題のなかで生きる「サブカルの森」でだけ活動していたら、いつまで経ってもそのなかのあるあるしか持ち得ない芸人になっていたかもしれない。

たとえばお客さんに媚《こ》びて媚びて媚びまくって今風なネタをしようとも、自分らしさというクセのある調味料……ナンプラーでもいい、ニンニクでもいい、最後にそれを加えて世に出す！　自分を見失いさえしなければ、一般の世界に飛び込んでいくことは、決して世の中に迎合することではないのだ。

第5章

自分の「楽屋」を広げる

楽屋を味方につける

僕は「ハートが強い」とよく言われる。もともと度胸があったというよりは、日本中を〝楽屋〟にして、何をしても許される空間をどんどん広げていく作業をしているような気がする。

「楽屋」というと芸人に限った話と思われるかもしれないが、楽屋を会社の喫煙所と言い換えてもいいし、会社帰りの居酒屋と言い換えてもいい。ともかくリラックスしてフラットな状態でしゃべれる場所から生まれることはたくさんある。「楽屋状態」とは、この場所なら、自分のいちばんいいところが出るという精神状態だ。極端な話で言うと、オナラをしても、楽屋なら笑う。つまり、オナラで日本全国笑ってくれるようにすることだ。ただし楽屋とは、ただただラクなだけの場所じゃない。先輩たちがいる場所でもあるし、緊張感のある場所だ。いわば、水面下の舞台のことだ。先輩によってはオナラで爆笑どころか激怒される可能性もある。先輩にも気に入られるオナラをしなければならない。

僕らはいつも楽屋に恵まれてきた。最初にHGの人気に火がついた。それは、新喜劇に入る直前のことだった。迷っていた時代のHGはやみくもに体を鍛えていた。完成された肉体とHGのストイックな姿勢を見込んだケンドーコバヤシさんが、ある日突然言い出した。「HGは体ゴツいけど、目が優しいな。あ、お前、ハードゲイやろ！ハードゲイやないか！」。HGは、その言葉を受け入れた。「俺、ハードゲイなんだ」。

そしてHGはすぐに、ハードゲイっぽい衣装をそろえた。僕はそんなHGを見てゲラゲラ笑った。ところが、ハードゲイキャラを邁進《まいしん》したHGはまたたく間に予想以上に売れ始めた。小島よしおの「そんなの関係ねぇ」も楽屋飲み会でみんなにいじられ、「なんかやってみろ」と言われて披露したところから生まれたと聞く。

「ブレイク」あるある……楽屋から火がつきがち。

楽屋で盛り上がることで「面白いぞ」ということを周りにも広めてくれる。いちばん近くで見てきていちばん魅力をわかってくれている人たち、つまり自分の説明書を読み込んでいる人たちだからこそ、よいところも悪いところもいちばんわかっているのだ。その人たちが純粋な気持ちで面白がってくれることこそ、「あれやって！」としつこく何回もやらされることこそ、ブレイクの可能性を秘めているのではないかと思う。まさにブレイクの可能性……「あると思います」by天津木村。天津木村のエロ詩吟も楽屋から火がついた好例である。

HGがブレイクした時、「時代に選ばれる」という過程を間近で見ることができた。あの時のHGは、時代が欲しているところにものすごい勢いで吸い込まれていった。「一発屋」の概念がまだ当時はなかった。僕はHGが「フォー」だけの人じゃないというのを知っていたので、これがきっかけで発展していけるだろうとも思っていた。

当時のHGは生活環境もガラッと変わり、会わないことも増えた。持ち物も高価になってくると距離を感じたこともあった。HGがピンで大ブレイクした二〇〇五年、僕は何をしていたかというと、HGがエースとして人気のあったプロレス団体「ハッスル」にチョイ役として出させてもらっていた。とはいえ収入的にもハッスルが大部分を占めていて、二〇〇五年冬から四年間くらい、僕は結構な試合数出場し、毎月、プロレスの聖地、後楽園ホールに、三か月に一度はさいたまスーパーアリーナや横浜アリーナにも出ていた。二〇〇八年は収入のほとんどがハッスルだった。

ＨＧのブレイクに対して、「出渕は何やってんだ」と思っていた人も少なくない。でも僕はＨＧに対して嫉妬するというより、「他の芸人より、誰よりもおもろいな」と思って見ていた。それどころか、プロレスを基本としていた僕たちのやり方は間違っていなかったんだという確証を得たような気持ちだった。

「ＨＧがブレイクしたのなら、オレはプロレスでいう〝ヒール〟をやろう。ＨＧが〝正義〟だったら、俺が〝悪〟役で出よう」と心に決めた。そして《ＨＧ（＝ハードゲイ）》に対抗して、《ＲＧ（＝リアルゲイ）》と名乗り始めた。だが、世間に僕のこのプロレス的発想を受け止めるような状況はまだでき上がっていなかった。「ＨＧに出渕が乗っかって何かやってるけど……」と、世間の一部の人からはガチで受け取られてしまい、とても冷たいリアクションを受けることになる。

「出渕は相方に乗っかって恥ずかしいことをしている」と思っている人たちはたくさんいた。この頃僕は、日本中から嫌われたような感覚があった。当時、２ちゃんねるで「地元の恥だ」「立命館大学の恥だ」みたいな罵詈雑言《ばりぞうごん》がいっぱい書かれていたのを見てしまった時は、まず学生時代の友達に謝りたかった。こんな恥ずかしい俺と同級生でごめん。一回心を閉じて、友達がゼロになった。その時期は地元にも帰りたくなかった。だがそんな僕を救ってくれたのも、やはり楽屋だった。

アンテナが敏感な人たちはグンと人気が出てきたものへのカウンターを欲しがっていた。お茶の間を席巻し、流行語大賞にもノミネートされた国民的人気者のHGに対するカウンターとしての売れてない相方。そういう方々から理解が広がっていった。

今田耕司《いまだこうじ》さん、東野幸治さん、千原兄弟さんらが司会のテレビ東京の『やりすぎコージー』に呼んでいただき、ディレクターさんと構成作家さんから「ハードゲイに宣戦布告！　お前がハードゲイならオレはソフトゲイ？　ちがう‼　よりリアルなゲイ、RG《リアルゲイ》だ」という企画をやってもらった。当時日本中の人気者だったHGにまさかの相方がクソをぶっかけるような、攻めた楽屋ノリの企画に先輩方からお褒めの言葉をいただいた。そのディレクターさんと構成作家さんはRGの父と母だと思っている。

放送では、先輩方に「あいつヒドいことしてんな」とイジってもらい、視聴者にRGの笑い方を導いていただいた。だから究極の目標は、テレビを楽屋にすることだと思っている。楽屋のリラックスした状態でテレビに出ていれば、誰とコミュニケーションを取っていてもフラットな状態でいられるのだ。

「流行」あるある……目利きの人が広めがち。

たとえば学校でも、カードゲームや新しい遊びで休み時間に盛り上がって楽しそうにしている生徒たちがいると、「なんだなんだ」と周りも気になりだしがち。これは「学校」あるあるだ。それだけに、普段から目が肥えていると自分が信頼している「目利き」といわれる人たちと一緒に過ごすことは、自分の力をつけるためにも必要だ。そして、発信力がある人たちが本当に「いい」と思ってくれたら、自分自身がまだ無名だったり経験が浅くても、爆発的に広まるという可能性があるのだ。最近知ったが、そういう人たちを「インフルエンサー」と言うらしい。「インフルエンザ」ではないよ、「インフルエンサー」。

一方でどの業界にも、ものすごく先輩に尽くすことでお仕事をいただく人もいる。しかし、もし尽くしていた人がどこかに行ってしまうという事態になったら、あっという間にその人の人生が終わってしまうということも起こりうる。「お笑い業界は、『面白い』だけでつながっていないとバランスがおかしくなる」。これは僕が尊敬する小籔さんの言葉だが、本当にそう思う。面白くない芸人が上がっていった時、「あれ、面白くないぞ」と思われた瞬間、ひずみが出る。だから、大事なのは、「先輩に尽くす」のではなく、「この人」と思った先輩にトークでもネタでもギャグでも普段の失敗談でもなんでもいいから「面白い」と思ってもらえるかどうかなのだ。

あらゆる状況を利用して進む

ＨＧがブレイクしてちょこちょこ東京の仕事に呼ばれるようになった。「こういう仕事もあるけど、ＲＧ、今どこ住んでるの？」「大阪です」「そうか。東京だったら呼んだのにな」というやりとりが何回かあった。「これはもしかして東京に住んでいれば仕事があるんじゃないか？」と考えた僕は、嫁と子どもを説得し二〇〇五年冬、ついに上京することになった。ただこの時「東京に行きます」という報告を、お世話になったバッファロー吾郎さんたちに携帯メールで一斉送信したことから、大いにお叱りを受けることになる。あの時は本当にすいませんでした。どうかしてました。

東京では多くの方が、ネット配信動画の先駆けのような番組などを中心に細かい仕事をいっぱいくださった。そして東京に出てすぐ、ＨＧが先に「ハッスル」に呼ばれ、「ＲＧも」と声をかけていただいた。

最初は試合前のマイクパフォーマンスだけだった。何せ当時僕は大変に嫌われていた。リングに上がるなり、ブーイングがすごかった。ただそのブーイングをハッスルのフロント陣は面白がってくれた。その嫌われぶりを買われ、まったく体を鍛えていないのに試合も組まれるようになった。ＲＧとして僕がレスラーにボコボコにされるのをお客さんもレスラーもスタッフも面白がってくれた。このクソ弱い、嫌われ者のＲＧを「ハッスルのジェネラルマネージャー」ということにして、強い奴らにコテンパンにやられるというストーリーが作り上げられた。

さいたまスーパーアリーナで曙《あけぼの》さんと試合をした後、すぐに新幹線に乗って志摩スペイン村の年末カウントダウンに行った。メチャクチャなスケジュールをこなしていたので体力的にはしんどかった。でもハッスルではたくさんのことを学んだ。大きなことはふたつ。ひとつは高いチケットを買って来ていただいているお客さんを喜ばせること。もうひとつは世間で話題になったものはすぐリングに上げてしまうことだ。

僕は『紙のプロレス』というマニアックなプロレス雑誌を長い間愛読していた。その「紙プロイズム」みたいなものはずっと自分のなかに残っていた。世間の現象をプロレス的な目線で見る訓練ができていた。その「紙プロ」をやっていた山口日昇《やまぐちのぼる》さんがハッスルのトップだったので、和泉元彌《いずみもとや》さんがモメたらすぐにリングに上げ、泰葉《やすは》さんが春風亭小朝《しゅんぷうていこあさ》さんとモメて「金髪ブタ野郎」と罵《ののし》っていた時も、すぐリングに上げた。このリアルタイムで芸能ニュースをイジる感覚は、話題のキャラクターをすぐにモノマネする姿勢として僕は受け継いでいる。

アバター、小保方さん、妖怪ウォッチ、ショーン・K、ドナルド・トランプ、舛添要一さんなど、僕のモノマネのワイドショー的な下世話なところに、「よくやったな！」「早いな」という反応をしてくれる方が結構いた。そういうハッスル的な「攻めてる」感覚はずっと持っておきたいと思っている。安っぽくても、とにかく早く！　誰よりも！　すると「それはイジッたらヤバい、手を出しちゃいかんやろ」というところに堂々と手を突っ込んでいくのを一部の人たちは喜んでくれる。

その後僕は、「ハッスルのGM」という肩書きで実際にいろいろなマッチメイクを仕掛けるようになった。ハッスルでは、新喜劇で培った「楽屋を柔らかくする」能力が遺憾なく発揮された。外国人レスラーも一緒の殺伐とした楽屋で、僕がイジられることで雰囲気が柔らかくなる。みんな気持ちよく試合に臨めるようにはなったようだった。

ハッスルの社員には、「RGさんが潤滑油になっていました」とありがたがられた。当時のハッスルには業界の最先端の人が集まっていて、いろんな方と交流できた。夜になると呼び出されては誰かと飲んでいた。業界では〝変わり者〟と言われている方々のバイタリティは、ものすごく勉強になった。

山口日昇さんや、当時『フライデー』の編集長だった仙波《せんば》久幸《ひさゆき》さんが「今、こいつが面白いんだよ」と連れ回していろんな人に紹介してくれた。仙波さんには『フライデー』で僕にページまで割いていただいた。いわゆるスキャンダルではない『フライデー』への出方。HGは焼き肉デートをフライデーされたのに、RGはリング上でタイガー・ジェット・シンに血まみれにされているところをフライデーされた。

「ブーイング」あるある……人気と捉えてパワーに変えがち。

ブーイングされることは、プラスに考えると「相手から強い反応がある」ということだ。ブーイングすらされない「無視」がもっともこわい。ブーイングされるくらい知名度が上がったと捉える。反応があるくらい人気があると捉える。大きな拍手と大きなブーイングは、その大きさだけ見れば一緒なのである。

同志を見つける

HGブレイクまっただなかのある日、僕は「RGさん、今後、ひとりの活動の時間も多くなるかもしれませんよ」と、マネージャーから言い渡された。実際、僕の活動は主にプロレスになっていた。

当時、純粋な芸人としての仕事で僕が心の支えにしていたのが、長年あこがれだった東京のサブカル聖地、新宿ロフトプラスワンで開催されていた「世界キワモノ演芸」というイベントだった。あこがれの場所に出られることもあり、感激もひとしおだった。くまだまさし、椿鬼奴、増谷《ますや》キートン（現・キートン）さん、アホマイルドらお笑いユニット「キュートン」のメンバーや、平成ノブシコブシ、ハイキングウォーキングなど。いわゆる当時の「東京吉本」のなかでも虐げられてきた芸人が出演しており、「RGという、相方がブレイクして置いてけぼりにされている、ちょっとかわいそうな人が来た」と、似た境遇の仲間を受け入れるように、みんなとても優しくしてくれた。しだいに僕のなかで「『世界キワモノ演芸』で何かを残す」ことが芸人としての目標になっていった。

ここで僕は同志を見つける。その日、「世界キワモノ演芸」の舞台に出てきた椿鬼奴は衝撃だった。四分間、酒焼けしたしゃがれ声でホイットニー・ヒューストンをオチなく歌い上げたのだ。その姿は超然としていた。「ウケようともしてないやん！存在で納得させてるやん！」。僕はその姿にくぎづけになった。「これがOKなんだ……」。僕は静かに興奮していた。そして思い切って、中学の時、得意だったカルロス・トシキ&オメガトライブの曲をただただ歌ってみるというネタで勝負に出ることにした。カルロス・トシキさんの声マネが熟成されていたのか、なぜか大拍手を受けた。ウケた、というより、同世代のお客さんの心を打った。

「同志」あるある……刺激になりがち。

歌ネタを初めて意識したのはこの時だった。それまでは音楽は別物だと考えて過ごしてきた。鬼奴の姿を見て勇気をもらった僕は、これをきっかけに昔からやっていたモノマネを演じるようになった。点と点が線になったと思ったほうが人生に希望が持てる。先が見えない下積み時代、何度も「今やっていることは何も意味ないんじゃないか」と思ったことがあった。しかし鬼奴の存在が、僕のなかに子どもの頃からずっと眠っていた音楽好きの炎が武器になるということを気づかせてくれた。

誰かと出会って人生が拓《ひら》けていくことがある。他人に出会うことで自分自身のあるに気づくのは生きている醍醐味《だいごみ》だ。鬼奴とはその後、一緒に組んでバービーボーイズをデュエットしてイベントに出たり（バービーボーイズのメンバーの皆さんとも会えたり！）、藤井隆《ふじいたかし》さんとのユニットを組むなど、僕が歌ネタをやる時に欠かせない存在となった。鬼奴とその同志とも言える森三中《もりさんちゅう》の黒沢《くろさわ》かずこは、今でも「歌手」になることをあきらめていない。「いつか歌番組に出たいね」そういう話ばかりしているそうだ。見習わなきゃ。

神輿《みこし》を担いでもらう

僕は本当に周りの人に恵まれていると思う。僕のチャンスもまた、本番ではない場所、いわば楽屋といってもいい場所で、HGと同じケンドーコバヤシさんの一言から始まった。二〇〇六年八月、それはHGの結婚式だった。

相方である僕は、スピーチを頼まれた。なんと言っても大学の頃からともに歩んできたHGの結婚式だ。いつも以上に気合いを入れて臨んだ僕は、緊張のあまり恐ろしい顔つきになっていたと思う。スーツを着て、鋭い目つきでスピーチの練習をしている僕を見て、ケンドーコバヤシさんが言った。「市川海老蔵《いちかわえびぞう》か！　お前は！」。

その一言から歌舞伎あるあるは始まったのだ。坊主頭はもともと同じ。あとは着物と下駄を用意した。海老蔵さんを思い起こす歌といえば伊藤園の「お〜いお茶」のCMだ。当初はこのCMを、僕の好きな石井明美《いしいあけみ》さんの『CHA-CHA-CHA』（一九八六年）の曲に乗せて、ただただ、「おーいお茶茶茶」と言うモノマネをやっていた。ある日、「あるあるネタのオーディションがあるから受けに行ってください」とマネージャーに言われた。「歌舞伎のあるあるってなんやろ？」と考え、思いついたのはひとつだった。「中村勘三郎《なかむらかんざぶろう》さんのことを勘九郎《かんくろう》さんって言ってしまいがちだな。でもこれ以上出てこない。どうしよう……。こうなったらもう、サビの『おーい、お茶茶茶』まで『早く言いたい、言いたい』だけでつないで、最後にポソッとあるあるを言おう」。

こんなふうに追い込まれた状態で生まれたのが、歌に乗せて言うあるあるだった。そのオーディションとは、ダウンタウンさんの番組『リンカーン』の「あるある芸人エレベーター」という企画だった。あるあるネタというのは、あるあるの鋭さ、そしてネタの多さが必要だ。だがひとつしかない上に、微妙なあるあるだけで受かるはずがないと思っていたら、オーディションを見てくれた番組スタッフが言った。「面白いね。新しい」。そして、オーディションを通過した僕は、収録に臨んだ。

エレベーターがガンと着いて、ガタッと開いたら、松本人志《まつもとひとし》さん、宮迫博之《みやさこひろゆき》さんたちがいる。「歌舞伎あるある早く言いたい　早く言いたい♪」。僕はなかなかあるあるを言わない。「あっ、こいつ言わへんな」とすぐにドアを閉められた。しかしディレクターさんが頑張ってくれて、「大丈夫です。言うんです。言うからちょっと待ってください」ともう一回エレベーターが止まった。「早く言いたい♪」。まだ言わない。松本さんたちがイラ立ち、「早よ言えや！」と口々に言う。それを何度か繰り返し、数回目にようやく言った。「中村勘三郎さんのことを勘九郎さんって言ってしまいがち♪」。そしてガチャンと閉まる。「なんやそれ！」。先輩たちの「早よ言えや」という心の底からのツッコミ、しつこく繰り返される僕の「早く言いたい」。そしてようやく言ったあるあると、それを聞いた先輩たちの肩透かし感から放たれた「なんやそれ！」。こうしてチームプレイによって初めて僕のあるあるは形づくられた。

それから少し経った頃、ケンドーコバヤシさんのラジオ『ケンドーコバヤシの「テメオコ」』に呼んでいただいた。「この間の『リンカーン』であるあるやってたな。ちなみに『ミカン』あるあるとかあるんか？　まあ、あるわけないやろな」というケンコバさんのムチャぶりが来た。僕は強気に答えた。「いや、一個だけあります」。するとコバヤシさんは、音楽の趣味が似ている僕に、「じゃあ、ガンズ・アンド・ローゼズの『Welcome to the Jungle』（一九八七年）に乗せて歌えるか？」と振る。それまで僕は『CHA-CHA-CHA』でしか歌ったことがなかったのだが、受けて立った。ガンズ・

アンド・ローゼズは、中学の時にめちゃくちゃ聴いていたので、細部まで、さらにギターソロまでモノマネできるくらい歌い込めた。すると、あるあると関係ない途中のシャウトでコバヤシさんがえらく笑ってくれた。それで、あるあるを言うまで耐えられた。あるあるを言うまでの歌の再現のモノマネの面白さがウケる。聞き込んでいた歌に乗せて歌えば、途中がもつということに気づいた。

そして『リンカーン』で初めてあるあるを披露した年の瀬、『八方《はっぽう》・今田の楽屋ニュース』という大阪の人気番組でコバヤシさんが「いまRGが熱いんです」と紹介してくれたのが、バービーボーイズの『目を閉じておいでよ』に乗せた「『手羽先』あるある……真ん中で折って食べがち」だった。この放送はその後YouTubeで再生回数を稼いでいった。僕は「これは仕事にできるんじゃないか」と思い始めていた。

「凡人」あるある……応援団増やして成功しがち。

周りの人の声に耳を傾けて、その声に乗ることで生まれるものがある。応援団に神輿を担いでもらうようなものだ。たとえどうなるかわからなくても、神輿に笑顔で必死に乗っかってみる。担ぎ手が担ぎたくなるような人物にならなければいけない。

必死に頑張っていたとしても、頑なに尖って生まれたものはひとりよがりだったりすることがある。そうやって何かを生み出そうとしている時は、たとえ周りにたくさんのヒントが転がっていたとしても気づかない。でも、自分の味方である人たちの声には、積極的に耳を傾けたほうがいい。その人たちの声も力にして広げていくことでさらに外にいる人たちが共鳴し始めて、大きな輪になっていくことがある。

ドリブルでゴールまでボールを運びシュートを決める個人技中心の南米サッカーみたいなのもいいが、スペッってひとこと余計なことを言ってしまったところに誰かが飛び込んで、ボールを奪い、パスが通り、それをまた別な誰かが拾ってシュートを決める、といったヨーロッパサッカーみたいな状況のほうがみんなで楽しめるし、大勢でワチャワチャしているほうが見ている人にも断然面白いと感じてもらえる。

スキを見せたほうが人は親しみを覚え、心を開いてくれるのではないかと思う。昔、ある国の代表のサッカーが、ゴール前だけガチガチに守っているスタイルだったが、それで勝てても人々は応援しない。もちろんユルすぎるのもよくないが、完璧なんてものはあり得ない。思い切って人に頼ろうと思って過ごしたほうが、気負うよりも何か面白いことが起きる可能性がある。どれだけいい食材があったとしても料理する人、それを運ぶ人、食べて伝える人がいないと広がらない。あ、サッカーでたとえたほうがよかったかかな。どれだけいいストライカーがいても……いやもうやめとこう。

世界は頼り頼られてできている

僕のやっているあるあるは集団芸だ。だから「誰かがスベってそれをうまくカバーする一言を誰かが言う」ということも、手柄は最後の言葉を言った人だけではない。スベった人がいっぱい動いたから入ったシュートなのだ。そう、お笑いとはサッカーなのだ。たくさん芸人がいる場所では、ひとりだけボケるよりは、みんなを巻き込んでボケるような楽しい芸人が求められる。その積み重ねで「あなたボケていいですよ」という「何してもいい免許」をもらったのが、ザキヤマ（山崎弘也《やまざきひろなり》）さんだったりする。だから「何してもいいですよ」という免許をみなさんからいただく作業がまず必要だ。それを積み重ねると、「お前が見たい」に変わっていくんじゃないかと思う。

先輩たちが「早く言えや」とツッコミを入れてくれる。あるあるがしょうもなかったら「なんじゃそりゃ」とみんなで言ってくれる。これはお笑いの世界に限らないことだと僕は思っている。世の中にあるすべてのものは、ひとりでできたのではない。頼り頼られてできていると理解したほうがもっと楽しく過ごせる。だから金八《きんぱち》先生ではないが、「人」という字は支え合っている。本当によくできた字だ。

「人間」あるある……あるある言いたがりがち。

あるあるは、テレビ時代の産物かもしれない。「あり」か「なし」かですぐに反応が返ってくる種類の笑いだ。相手の人生に触れるか触れないか。その人のなかで交差するかどうか。笑いは喜怒哀楽でいちばん早いコミュニケーションだ。「おいしい」とか「感動」もあるあるだ。SNSの「いいね」もあるあるかもしれない。みんな「いいね」を言いたいし、「いいね」を欲しい。あるあるとは人を肯定する言葉の総称じゃないかと思う。もし誰かを一回否定したら、あるあるを見つけて三回肯定したい。

ちなみに、あるあるを英語で歌いたいと思って調べたが、あるあるという言葉に該当する英語が見つからなかった。僕にはあるあるで海を越えられたらいいなという密かな野望がある。あるあるという価値観が世界標準になったらいいなと本気で思っている。今や世界標準になった「KAWAII」と同じように、「ARUARU」が広まるのが僕の夢だ。なぜならあるあるとしか言いようのないことがたくさんあるのだ。あるあるも、当たり前すぎて目につかないものに目を向けることなんじゃないかと思う。僕のあるあるは深くてもいいし、深くなくてもいい。深くなければ「なんや、それ」とツッコミが来る。自分で言うのもなんだがいいシステムだと思う。あるあるはコミュニケーションの起爆剤だ。年月をかけ、テクニックを磨いて深いあるあるを言うことも大事だが、それ以上に「あるある、あるよ」とまずは言ってみることのほうが大事なのだ。あるあるの中身にこだわりすぎるよりも、「ある」と言い切り、存在を全肯定することが大事で、コミュニケーションが起きないことのほうが問題だ。人と人との間で「人間」。僕は「人間」と書いてあるあると読みたい。

まず、やる

僕はハッスルを主な収入源として生活していたが、次第にハッスル自体が苦しい状況に陥り始め、二〇〇九年、ついに活動休止をした。僕の収入も一気に月七万円まで落ち込んだ。この時期がいちばん厳しかった。

だが、また僕は周りの人に救われることになる。大阪の「サウンドクリエイター」という音楽プロモーション会社に、「清水音泉《しみずおんせん》」というロック部署があり、そこに学生プロレス時代の仲のいい後輩が勤めていた。彼は、マキシマム ザ ホルモンや、オカモトズなど、今人気のある若手のミュージシャンが、無名の頃から頑張って出ていた「音霊 OTODAMA SEA STUDIO」というフェスを仕掛けていた。ある日、その彼が「お客さんを集めますんで、カラオケボックスであるあるを歌うっていうのはどうですか？」と提案してくれた。芸人とミュージシャンのコラボみたいなイベントがなかった時代、人気がなかった僕にチャンスをくれた後輩には本当に感謝している。それがカラオケボックスであるあるを歌う始まりだった。

「RGのカラオケを朝まで聞かされる会」は、渋谷《しぶたに》すばるさんと二階堂《にかいどう》ふみさんの映画『味園《みその》ユニバース』（二〇一五年　監督：山下敦弘）の舞台にもなった、旧くて味のある大阪・難波の味園の小さい宴会場を清水音泉が借り切ってくれて、僕が二十人ぐらいのお客さんの前でただただ JUN SKY WALKERS などの八〇年代の曲を歌うという会だった。その時意識していたのは、まず客層。このお客さんの雰囲気だったら、次はこれ歌おうという、DJ的な判断を大切にした。この「RG選曲の懐メロカラオケ」は好評を博し、やがて「あるあるカラオケ」につながっていった。

舞台が整わないと何も始められないと思っている人がいるかもしれないが、そんなことはない。何かを始めたくても、まだ実力が足りないから始められない。そんなふうに考えて尻込みしてしまわずに、まず、やる。やらなきゃわからないことばかりだ。やれることからやればいい。これが僕の考え方だ。いきなり大舞台に飛び込もうとせずに、小さな舞台から始めたらいい。

その後、大体月に一度の頻度で、カラオケボックスでカラオケの部屋代だけお客さんからいただき、お客さんの前であるあるを歌うという「RGのカラオケを朝まで聞かされる会」を始めた。告知はツイッターだった。会社を通さず、直接お客さんとやりとりしていた。「明日、渋谷のシダックスでカラオケ大会をやりますが来ませんか？」。ツイッターでそうつぶやくと、最初の参加者は四人。一般女性のお客さん三人と、芸人のデッカチャンだった。飲みながら僕のあるあるカラオケを聞いてもらうだけの会を朝までやった。今考えると、我ながら「よくオールナイトでやってたな」と驚いている。しかし、四人の小さい部屋から十人くらいの部屋に広がり、最盛期は三十人クラスのパーティルームにまで膨れ上がり、カラオケボックスでは入りきらなくなった。当時歌っていたのはワム！の『ウキウキ・ウェイク・ミー・アップ』（一九八四年）や、マイケル・ジャクソンなどで、その後の僕の定番となるものが詰まっていた。いわば、僕のあるあるの基礎は、すべて手作りの「朝までカラオケ」で培われた。

「原点」あるある……小さな場所にありがち。

自分の身の丈で、儲《もう》けは関係なく、その時にできることを、その時できる場所で始めたことには、混じりっけのない純粋なものが詰まっている。それだけに、その後も自分の原点となるようなものが生まれがちなのだ。その原点、いやその原液を薄めたり、割ったり、かけたり、いろんな楽しみ方をしてもらう。純粋な自分の原点とは「カルピス」の原液のようなものと言っても過言ではないだろう。

「あるあるカラオケ」をやり続けるうちに、芸人の間でもうわさが広まり始めた。二原ジュニアさんとカラオケに行った時に、ジュニア軍団の前で、僕の出番が来たら必ずバービーボーイズを歌う。「もうええで、バービーボーイズは。似てるけど」と振られながら、歌っていた。その後、小籔さんとのイベント「ビッグポルノ」でバービーボーイズをやることになり、杏子《きょうこ》さん役を頼める女の人は……すぐに浮かんだ。「鬼奴しかいない」。僕たちは、ただのカラオケではなく、声も似せ、フリも完璧に歌うことを心がけた。そしてそれを録画して周りの人に見せたら、たいへん好評を得た。

ついに、長い期間を経て、ようやく仕事が回り始めた。ある日、マネージャーから「あるあるカラオケ」について注意を受けた。「あんまり外で直接お客さんとやりとりするのは……」。僕は、ようやく舞台が整ったと思った。「じゃあ劇場でやりましょう」そう前向きな提案をした。それから定期的に大阪の劇場や渋谷のヨシモト∞ホールで「あるあるカラオケ大会」をやるようになり、徐々にお客さんが増えていった。

自分の周りにいる人こそ自分自身

僕が所属している吉本興業は、給料が安いとか、マネージャーがいい加減だとか、不満を言う芸人も多い。実際にマネージャーの伝え忘れというのは結構起こる。だが僕は、マネージャーにムカついたことがない。「あ、俺、いい加減な対応でいいと思われてんのや。もっと頑張らなアカンな」と思う。だから、そういうことに怒る若手に対しては、「お前がナメられてんねんで」と言ってあげるようにしている。「あのマネージャーは仕事ができない」と切り捨てておいたほうがラクだ。「ああ、俺、そう扱われてるんや。じゃあ、もっと頑張ろう」と考えるほうがしんどい。

なぜ僕がそういうふうに考えるようになったかというと、一回「どん底」を経験したからだと思う。底辺にいた時、見えてくるものがあった。だから若手芸人に言いたい。「マネージャーに文句言うてるけど、それは自分がそれくらいの存在だと思われてるからやって。マネージャーを味方につければ、連絡ミスも減るし、どんどん仕事取ってくれるで」。悪い人が自分の傍らに来てしまった場合、それは自分の普段の怠惰な行いのせいで悪い人が寄ってきていると思ったほうがいい。普段の自分を見つめ直して真面目に鍛錬していたらいい人がやってくるし、真面目さに感化された人たちが「あの人と仕事したい」と思ってくれるはずだ。だから悪い人が寄ってきた場合は、自分の悪い部分が寄ってきたと思ったほうがいいだろう。

僕は、大学時代にアルバイトしていたラーメン屋の店主のことが大嫌いだった。とても厳しい人だったからだ。でも忙しい時も暇な時も、僕がうまく店で立ち回っていると、ある日、お客さんの前で僕のことを「こいつは仕事ができる奴なんやで」と褒めてくれたのだ。この時は本当にうれしかった。相手のことを嫌だと思っていても、自分が嫌な態度に出ることはないのだ。自分の周りに集まる人こそ自分自身を表していると思ったほうがいい。

「周りに集まる人」あるある……自分の鏡。

相手を変える前に自分を変えたほうが早い。相手を変えようとあれこれやってみるよりも、自分が対応を変えたほうが結果的に早く相手を変えることになるだろう。

家族は「芸の肥やし」

結婚は仕事の妨げになるという考えもある。だが僕は、結婚は自分のいちばんの味方を増やすことだと思っている。人とのコミュニケーションを大事にしているわりに、僕は昔から「親しい友達は？」と聞かれるとなかなか名前を挙げられなかった。「もしかして向こうは友達だと思っていないかもしれない」と考えてしまう。周りにいる人の顔を思い描くと、同僚、先輩、後輩、そして同志という言葉が浮かぶ。しかし「友達って誰だ?」と頭を抱えてしまう。安易に「友達」という言葉を使うことを自分に許していないフシもある。そうやって人と距離をとるようなところは、子どもの頃の転校で、友達だと思ってきた人たちからある日突然バッサリ切られたショックが大きく影響していると思う。そしてもうひとつ大きかったのは、嫌われ役のRGになって世間から叩かれたことだ。そう考えると、僕が堂々と「友達」だと言えるのは、相方HG、そして嫁と息子だ。

嫁はもともと普通のOLだった。僕は二十代半ば頃、心斎橋筋2丁目劇場に出ていて、劇場チケットの手売りもしていた。そこで、他の芸人さんを観に劇場に来ていた嫁と出会った。会った瞬間、「うわ、めっちゃタイプ」と思った。おでこの広さといい、目の大きさといい、僕の思う「かわいい」が全部入っている子だった。

僕はそれまでナンパするようなタイプではなかったが、「これは声かけな、後悔する」と思った。自分たちのイベントチケットを手売りすると見せかけて近づき、電話番号を書いた紙を渡した。嫁も、ナンパについてくるようなタイプではなかった。だが、お互いの出身が熊本県ということを知り、「あの人、熊本なんや。応援しよ」という気持ちになったという。共通項があるということは大きかった。つき合い出した当初から、嫁の親からは、「つき合うとか同棲《どうせい》するんだったら早く結婚しなさい」と言われていた。ちょうどその頃、僕が吉本新喜劇に入ることが決まった。出番がオープニングのうどん屋の客ばかりだったとはいえ、芸人としては安定している職場だということも後押しし、僕たちはつき合い出してすぐに結婚した。新喜劇は、熊本でずっと放送されていたので、テレビにも出るような新喜劇の人と結婚するということは、他の若手芸人よりも安定しているんじゃないかと思われたのだ。

嫁が僕との将来を頑なに信じた理由がある。結婚する前、ある占い師に、「今の彼氏と結婚すると、将来絶対いい家を持てますよ」と言われ、それをいまだに信じているのだ。だから職種は関係なく、僕という人間を信じてくれているのだ。「将来の夢は専業主婦だから」と、早々に言っていた。嫁は「しんどかったら、いつでも芸人辞めていいよ」というスタンスでもあった。つまり「お笑い芸人のRG」と結婚したわけではない。ただ何よりも家族を大事にする人だから、僕が芸人として文句を言われたりすると僕以上に怒る。

「家族」あるある……いちばんの味方になりがち。

それは相方のHGも同じだ。HGとは、辛いロケをやった後に怒られて目に豆板醤をすりこんだのに番組を下ろされたり、一緒に天龍源一郎《てんりゅうげんいちろう》さんや、タイガー・ジェット・シンやアブドーラ・ザ・ブッチャーと戦ったりと、辛い思い出を共に乗り越えてきた同志だ。だから僕のなかで「友達」という概念を運命共同体みたいに思っているところがあるのかもしれない。売れてから結婚するのと売れない時から一緒にいるのとはまた違うと思うが、過去の有能な武将や総理大臣には賢い妻がいたと聞く。プロレスラーの天龍さんは奥さんについて「僕が一流じゃなかった時代から妻は僕を一流に扱った」と言う。父親の欠点を子どもに伝えて、「お父さんはダメね。真似しちゃいけないわよ」と父親のマイナスなイメージを植え付けるということを母親はしがちだ。「ダメな嫁」あるあるだ。うちの嫁はそんなことはしなかった。

男性のなかには、「結婚は人生の墓場」と思っている人もいる。僕は結婚は義務ではなく、一緒にいたいからするものだと思っている。結婚とは、無条件に僕を受け入れ、応援してくれる心強い味方を得るということ。そういう結婚はきっと仕事の励みにもなる。結婚は「墓場」じゃない、なじみの酒場……人生の「酒場」である。

息子も友達

僕も嫁に対して、HGに対して、そして息子に対して何かされた時がいちばん腹が立つ。だから僕にとっては息子も友達だ。息子の名前は武丸《たけまる》という。名前の由来は、僕の一番好きな暴走族漫画『疾風伝説《かぜでんせつ》 特攻《ぶっこみ》の拓《たく》』（原作：佐木飛朗斗／作画：所十三）のなかに出てくる、バス停の看板を振り回して暴れたり、トラックに轢《ひ》かれても死なない最も凶悪な暴走族総長の名前から取った。野生爆弾の川島（くっきー）さんやバッファロー吾郎の竹若元博《たけわかもとひろ》さんと「息子の名前どうしましょう？」と話していた時に、「いちばん好きな漫画の登場人物から取れば？」というノリから出てきた案だったが、ひらがなで書くと「たけまる」の字面も、だんだん本当にかわいく思えてきた。

そんな我が息子、武丸ももう十一歳。いつも冷静に父親のことを見てくれて、僕の出演したお笑い賞レースも心の底から応援してくれる。武丸は『THE MANZAI』でレイザーラモンが裸になるふざけた決勝で一票も入らなかった時は、「なんであのネタやったんだよ。もう一個のネタのほうが絶対によかったのに」と言って悔し泣きしてくれた。祖父母（僕の親）と電話でしゃべった時も、祖父母が「ゼロ票だったねえ」と言うと、「いや、あの決勝に行くことがすごいと思います」と言い返していた。

その翌年、僕たちは『THE MANZAI』で決勝トーナメント出場を逃したものの、ワイルドカードを狙って本番に臨んでいた。その日偶然、武丸は小学校のクラスの日直だった。日直当番はテーマを自分で選んで何かスピーチをしなくてはならない。「パパがワイルドカードに挑戦しますので、応援してください」と武丸はスピーチで言ってくれたらしい。僕は息子のことを、辛いことを一緒に乗り越えてきた友達のように思っている。そしてそういう子に育ててくれた嫁には感謝の気持ちでいっぱいだ。

関西のテレビ番組のロケで、金剛山《こんごうさん》という関西で一番険しい山を武丸とふたりで登る企画があった。ロケに入る前に、僕はディレクターから「ロケ中、お子さんに普段は聞けないけど、今だから聞けることとか、聞いてみてください」との提案を受けていた。ロケも中盤に差し掛かり、山の斜面を何時間も登ってハアハアと息切れするなか、僕はドサクサに紛れて、武丸にずっと聞いてみたかったことを聞いた。

「『RGの息子だ』って、学校でいじめられてないか？」。武丸は真顔で答えた。「僕がちょっと太ってるから、学校でデブって言われていじめられて、死にたいと思ったこともあったの。でも今は友達がいっぱいできたんだよ」。武丸は続けた。「友達がね、『RGのサインくれ』って言ってきてくれたの。それで友達ができたんだ。だからパパのおかげなんだ」。僕は山の斜面が苦しいのも忘れ、泣きそうだった。

「子ども」あるある……親を反映しがち。

息子は親である僕を見て育つ。息子はある意味、自分自身なのかもしれない。自分のした行いはすべて息子に宿る。息子がいいことをしたらそれは自分のよい部分が宿り、息子がグレたらそれは自分の悪い部分が宿ったのだ。

家族の結束が固まる時

二〇一三年は僕にとって、あらゆる面で激動の年だった。そして、家族の結束がこれまでにないほど強くなった年でもあった。

二〇一三年の夏、嫁は死産を経験した。妊娠したお腹の子は、「18トリソミー」という染色体異常からかかる病気だったのだ。芸人という仕事柄、親しい人にも長い間このことは知らせていなかった。娘のことを初めて公表したのは、二〇一四年、三人の知り合いを指名して難病を救うための寄付を募っていく「アイスバケツチャレンジ」が流行った時だった。僕のところへも指名が来て、僕は僕が演じるキャラクター三人を指名して終わらせた。芸人にしてみたら、大喜利というか、どう返すかみたいなところを問われているんだろうと思った。そしてその時に18トリソミーという病気のことを知ってもらいたいと思って、SNSで僕の状況を説明させてもらった。

長男、武丸を生んで、すぐにふたり目を作ろうということになったが、嫁は「一人ひとりをちゃんと愛情込めて育てたい」と考えた。そこで間隔を離して、いざふたり目と思っていた頃、震災があった。そこでまた少し時間を空けて、ようやくふたり目ができた。僕らは大喜びで、「よかった、よかった」と無邪気に言い合っていた。女の子だった。その年、僕はDVDを出すことになっていて、その収録の会場に妊娠中の嫁を連れてきて、僕のあるあるを、嫁と、お腹のなかの娘に聴かせたりしていた。

　だが安定期を過ぎた六、七か月ぐらいの頃、エコーを見ると、「ちょっと指と足が曲がっています」と医者が言った。初めは戸惑ったが、僕たちは障害を抱えた子を育てていく覚悟を少しずつ固めていった。やがて嫁は出産に備え、入院することになった。当時の僕はハードな毎日だった。朝六時、ロケに息子を連れていき、あやしながら出番を待ち、ロケバスで息子を待たせておく。終わると家に連れて帰ってご飯を作って食べさせた後、嫁の病院にお見舞いに行った。体力的にも精神的にもきつかった。そして、羊水検査をはじめ、大変な検査を経て、染色体異常だということがわかった。「18トリソミーを知っていますか?」。医者にそう言われた時、僕も嫁もその名を初めて聞いた。娘は、三千人から一万人にひとりの確率で起こる染色体異常だった。いろいろ調べていくと、娘は心臓や内臓に疾患があるとわかってきた。そして医者は続けた。「18トリソミーの子は、無事に生まれても長生きはできないことが多いです」。

　僕は悩んだ。だが嫁はきっぱりと言った。「こんなに育ってるから、せめてちゃんと産んであげたい」。僕も納得した。そして僕たちは、娘の名前も考えた。ところが妊娠予定日になっても、陣痛はうまく来なかった。一方で羊水でお腹が膨らみすぎて、嫁の体が危なくなってきた。お腹の子は、羊水の中だったら生きていられるのだが、外に出たらどうなるかわからないという状態だった。結局、陣痛促進剤を使って、人工的に陣痛を起こさせて出産した。だが、その出産の途中で、お腹の子は力尽きてしまった。僕も出産に立ち会った。その小さな姿は、それはそれはきれいだった。

「本当に死んでんの？」僕はにわかには信じられなかった。だが、呆然《ぼうぜん》としているヒマはなかった。今度は嫁が、無理に子どもを取り出したことで子宮が少し破れ、大量の出血をしていた。お産の後すぐに、嫁の手術が始まった。「俺は大事な人を同時にふたりも失うんか」という不安でいっぱいになり、祈るような気持ちで手術を待った。

午前五時。前日夕方から始まった手術はなんとか無事成功し、嫁は一命を取り留めた。全部終わって、ひとりで病院を出た。その時目の前に広がっていた朝焼けは、今もありありと瞼《まぶた》の裏に残っている。芸人の大変なところで、「お涙ちょうだい」ができない。だからこのことは先輩にも誰にも長い間言わなかった。この出来事は、僕たち家族にとって、とてもきつい試練だった。子どもの頃から僕のなかには「いいことと悪いことは半々」という人生観があった。だからどんなに辛い時も、この後、絶対いいことがあると思っている。その時もそう思った。

その年の終わり。僕たちレイザーラモンは『THE MANZAI』の決勝に残ることができた。そして、僕は『R-1グランプリ』で決勝進出を果たした。この年、必死に頑張った僕たち家族に、娘がくれたご褒美だと思った。

「辛いこと」あるある……その後にいいことがありがち。

嫁が退院してから、気持ちが落ち込んでいたので、僕はなるべく一緒にいてあげた。そして武丸もすごく頑張って、嫁のためにいろいろやってくれた。その時、家族の結束がさらに強まった。生まれてから死んだ場合、戸籍には残る。だが、体内で息を引き取った場合は戸籍には残らない。だからせめてもの証拠として、この年の夏に発売したDVDにはあの夏の収録会場にたしかにいた、嫁と息子と娘の名前をエンドクレジットに入れた。

第6章

愛され、生き残るには

人に相談してもいい

当初僕は、あるあるは自分で見つけて言わないといけないという、プライドみたいなものに囚《とら》われていた。「俺は絶対にあるあるのマスターになるんだ」と思い詰めていた。しかしあるきっかけにより、その思い込みから自由になった。

「5upよしもと」という、大阪にある劇場の若手のオールナイトライブで、突然、十五分間ネタをやるよう言われた時のことだった。お客さんは僕のファンではない。僕は窮地に立たされた。「大スベりするわ。これはこわい」と思って周りを見ると、劇場の若手、二、三十人が、バーッと集まっていた。そこで、彼ら若手芸人のあるあるを実際に芸人仲間から聞いて情報を収集し、それを歌に乗せて言うことにした。要するにラクをした。芸人は僕に採用されようと暴露的な面白いあるあるをたくさん考えてくれたし、お客さんも、ファンである若手芸人の聞いたことのない新しい情報を知って大爆笑。大いにウケた。芸人もお客さんもみんな楽しんでくれた。

しばらくして、『キングオブコント』の決勝の前説を頼まれた。持ち時間は二十分間。

「これはみんなピリピリしてて普通に『あるある』をやるだけでは盛り上がらん。ひとりだけでやってもダメやな」と思った僕は、決勝に出ている人たちのあるあるをやることにした。当時『キングオブコント』は芸人が審査員をしていたので、出場芸人と仲のいい芸人のところに行って情報を聞き出した。それを全十二組分やった。これがまたえらくウケた。「○○は借金が多い」とか、「首の後ろの毛をよく抜く」とか、もはやあるあるというか暴露話も混じっていたが、そんなネタを替え歌にして歌い上げると、芸人もお客さんも沸いた。

芸人たちから、「早く言えや」の合いの手があがる。みんな大いにノっていた。僕は芸人と僕とお客さんのみんなで前説をしたという感覚があった。しかもこのシステムなら、自分があまり知らない人についてのあるあるで暴露ネタを放り込んだとしても、僕のせいにはならない。「いや、この人が言ったんですよ！」ということになる。だから今は、自分のストックにあるあるがないなら、恥ずかしがらずに聞くことにしている。

「相談」あるある……可能性広げがち。

人と人がいたらそこにはあるあるは絶対存在する。全人類、いわばあるあるの仲間なのだ。「自分だけであるあるを見つけよう」と思っていた時期から、「人からもらおう」と思うようになった時、すごくラクになった。さらに、あるあるのステージが一段上がった気がした。人にネタをもらう……芸人としてはステージが一段下がった気もするが。

独り占めは世界を狭める

僕は最近、自分をあるあるの編集者のようなものだと思っている。あるあるを集めて編集して、読みやすいようにして出す。もしくは歌にして聞きやすくして出す。その四割が「よみ人知らず」である。『古今和歌集』を編纂《へんさん》した人もこんな感覚だったかもしれない。これは特許などの考えにもつながることだ。

たとえばトヨタ自動車は二〇一五年に、燃料電池自動車FCV関連の五千六百八十件あまりにのぼる特許を二〇二〇年まで公開し、無償提供した。そのうち、燃料の水素を充填《じゅうてん》する水素ステーションに関しては期限を設けていない。ガソリンや電気をまったく使わず水素だけを燃料とする燃料電池自動車には、ガソリンスタンドに代わる新しいインフラが必要だからだ。つまり、環境を整備することから始めなければ、燃料電池自動車の普及は望めない。このトヨタの賭けも、まさに長い目で見たビジネス戦略だと言える。自分の会社だけで利益を固めてしまうと、短期的な利益はひとり勝ち状態になるものの、長期的にはなかなか利益が得られない。

あるあるを歌に乗せて言うというシステムを僕は開発した。だが僕がいま低空飛行ながらもあるあるで世に出続けていられるのは、みんなに開かれているものにしているからではないかと思っている。柔軟性があるし、作ったものを誰かに任せて転がしていくことが実は大事なのだ。「他の歌で歌え」とケンコバさんに提案していただいたり、番組側にあるあるをクイズにされたり、そうやってオープンな状態にしておき、そのシステムの可能性を広げることが長く続く秘訣《ひけつ》かもしれない。

「長続き」あるある……人に任せがち。

「俺が発明したぞ。よっしゃ、ひとりでやる」という考えではなく、プライドを捨てて手柄を独り占めしようとせず、人に任せて、人と一緒にそのアイディアを育てていくことが、結果的には自分のためにもなるのではないかと思う。

サービス精神

僕は四十歳になってやっと、若手芸人が普通に送ったような、毎日劇場でネタ出番があって、時々単独ライブをやって、週末は営業に行ったり、ネタ番組やロケに行ったり……という芸人生活を送れるようになった。それだけに今の状況が非常に楽しい。だから、僕は人気芸人がちょっと忘れがちな、お客さんにサービスする気持ちが人一倍あると思っている。

お笑いイベントのチケットは千五百〜二千円だが、僕は自分がいろんなイベントに行っていただけに、少ないお小遣いからその金額を出すことがどれだけ大変なことか、肌で知っている。だから来てくれた人には「これだけ出してよかった」と思っていただきたい。毎回毎回、金額以上の満足感を感じてほしい。今まで当たり前にいてくれたお客さんたちが、ある日急にいなくなることがある。みんなが応援してくれていると思ったら、ある日突然、応援してくれなくなるということは、（嫌われ役の）ＲＧのキャラクターを生み出した時に体験したことだった。お客さんは期待したからそのぶん怒るのであって、喜んだからそのぶんより悲しむことになる。

僕は、喜怒哀楽の幅を常にゼロに近いものにしようとしているのかもしれない、と思う時がある。「あれ、ここいいな、心地いいな」と感じた瞬間すぐに、「ん？　違うのかも」と思ってしまう。その時、僕を支配するもうひとつのマイナスの感情が発動して、パーティや打ち上げ、旅行が楽しいと感じる時も、その後を考えて楽しめなくなる。宴《うたげ》はいつか終わってしまう。それが舞台であっても、テレビでも、宴会でも「すごくウケた！」という日に、充実した気分のまま「よっしゃ飲みに行こうぜ」という気持ちになれない。サービス精神が旺盛《おうせい》というのは、実は裏を返せば、常にサービスをしないと不安ということでもあるのだ。これは間寛平《はざまかんぺい》師匠の、「わしゃ止まると死ぬんじゃ！」というギャグに通じるものがある。

たとえば「単独イベントが大成功した。お酒がおいしい！」みたいな感慨で歓びをかみしめられる人もいると思うのだが、僕にとって打ち上げは単独イベントの一部だ。なんなら、「打ち上げが終わるまでが単独だ」くらいに思っている。もちろん、「ライブ会場のお客さんが満員で、ものすごい盛り上がりでした」と言ってもらえると「よかった」と思うし、うれしい。だが僕にとってライブ会場でお客さんを前にしている時と、「打ち上げでなんか面白いこと言わなきゃ」という時と、相手が一万人でもひとりでもなんら変わらない。家に帰って布団に入って、ようやくホッとするのだ。「最も平安な、そして純粋な喜びのひとつは、労働した後の休息である」というのは、カントの名言あるあるらしい。僕もそれに勝るものはないと思っている。

「無常感」あるある……サービス精神育てがち。

前述のNBAプレイヤー、ステフィン・カリーが尊敬するのがスティーブ・ナッシュという選手である。ナッシュは引退してからやっと安心できたという。現役中は「もっとやらなきゃ」「もっと練習しなきゃ」というオブセッション（強迫観念）に悩まされてきたというのだ。体も小さく、NBAに入るまで無名だった彼は、常に練習しなければ不安で、休むと罪悪感で眠れなかったらしい。僕もそれに近いものを感じている。もっとサービスしなくては……と不安になる。

テレビであれだけしゃべっている明石家さんま師匠がプライベートでもしゃべって

いるというエピソードが物語るように、今、上に行っている芸人たちは普段から周りを笑わせているし、普段から「もっと面白くなければ」と考えているのだと思う。

お客さんも巻き込んでいく

自分で言うのもなんだが、僕のイベントはサービス精神満点だ。そのなかでも常軌を逸しているレベルでサービス精神全開なイベントがある。それはファンの人のツイッターから始まった。ある時ツイッターで「あるあるばかり歌うバスツアーをしてほしい」という希望が来た。僕は即座に「いいですね、やりたいな」と返した。すると当時のルミネtheよしもとの劇場スタッフがそのやりとりを見て上司に掛け合ってくれて、即実現することになった。吉本には芸人のバスツアーを多くやってきたノウハウがあり、話は早かった。

僕は毎回、バスに乗った瞬間からしゃべりっぱなし歌いっぱなしだ。まさに僕のサービス精神のすべてが詰まったようなこのバスツアーでは、帰りのバスでもみんな疲れてきているなか、僕ひとりモノマネをやりながらとにかくずっとしゃべるし歌う。

十二時間以上拘束されてずっと歌い続けるのは、費用対効果を考えたら当然ながら全然よくない。それでもこれまで人気のない十何年間を過ごしてきたので、バスツアーに来てくれるお客さんだって気を抜くと離れていくんじゃないかという恐怖心がある僕は「もうムチャクチャ喜ばせて帰らんと。もうええっていうぐらいお土産を持って帰らせな」という気持ちなのだ。「もうこれぐらいでいいやろ」という感覚は僕のなかにない。

普通なら、参加希望人数が増えればバスの台数を増やすだろう。でも、一台じゃないと歌は聴こえない。それにそんなに参加者が増えるとお客さん一人ひとりとコミュニケーションがとれない。一万何千円も出して、休日をまるまる僕にくれるのだ。楽しかったと思って帰ってもらいたい。人気が少し出てきたことで、逆に来なくなったお客さんも数人いる。すると僕は、「どうして？　なんか俺に気に食わんとこあった？」と、すぐに不安な気持ちになる。戻ってきてほしいと思う。だからいつも、どんな場所でも全力でやる。飽きられるのがこわい。「去っていかないで。次、こんな曲、用意してますから」。いつもそんな気持ちだ。新しい企画。新しいサービス。十分すぎるサービス。それはもはや経済活動なのだ。たとえばつけ麺屋のオヤジさんが月替わりで新しいメニューを試す。もちろん定番メニューの味の維持にも取り組む。結局、そういうことをしている企業が成功するのと同じだろう。

初回は、大阪にある僕の思い出の場所を回った。僕が昔住んでいたアパートに行ったら、取り壊されてなくなっていて、そういったことをお客さんと一緒にドキドキしたり、驚いたりということを体験した。ツアーには、そういうあるあるだけじゃない楽しみもあるなということに気づいた。他にも、僕が金八先生の格好をして、河川敷でお客さんを迎え入れる。

お客さん「3年B組!」 RG「アル八先生!」。

土手ではおなじみのシーンをみんなで再現しながら、動画で撮影したり、お決まりの掛け声を掛け合ったりした。そうやって遊びを取り込んで、縛りを設定していったら、常連のお客さんがノリノリで本気のコスプレをして来てくださるようになった。

常連さんは、OLさんが多かった。みんな休日にどこかへ行きたいのだ。旅行に行きたいけれど、何か目的が欲しい。そんな時にRGがバスツアーをやっているという情報を聞きつけたという人も多いようだった。だから、いわゆる〝ＯＬの休日の過ごし方〟とバスツアーは相性がよかった。

そしてこのバスツアーでもうひとつ重要な位置を占めているのが、「お笑いナタリー」というウェブ中心のニュースメディアだった。ナタリーさんが「ＲＧバスツアー」という現象」という記事を書いてくれることによって、「何してんの？　面白そう」と反応してくれた人がたくさんいた。ＳＮＳが発達し、一般の人の「発信したい」欲求が高まるなか、「ＲＧバスツアー」は一個の劇団のようなハコとして、その想いを満たしている部分があるのかもしれない。

ナタリーさんや、吉本の社員さんなど、イベントを一緒に楽しんでいるスタッフがいつも周りにいてくれているように感じた。もちろんビジネスライクな社員さんもいっぱいいる。「売れてきたら仕事する」みたいな人もいる。だが、現場を楽しんでいる人たちは普段から見ているのだ。「この人たち、すげえ面白いから一緒に仕事したい」と。純粋に新しい、おもろいものを常に探したくて吉本に入ってきた人たちもいっぱいいる。そういう人たちに、「あの人と仕事したい」と思ってもらえるようになりたい。

「あるあるバスツアー」では、お客さんが来てくれる理由のなかに、「私たちがＲＧを盛り上げなきゃ」という、常連さんたちの不思議な使命感が生まれているように感じた。お客さんが参加していること自体を楽しんでくれたらうれしい。

僕が高校生の時、キムタク（木村拓哉）が『MEN'S NON-NO』で言っていた。「真面目が一番かっこいいよ」。それはもう遊びでもなんでもだ。遊びも仕事も、全部真面目がいちばんかっこいい。それを今、僕はかみしめている。

「かっこいい人」あるある……何事にも真面目がち。

かっこいい人たちは仕事が真面目なのはもちろん、趣味、たとえばバイクでも車でも釣りでもラジコンでもなんでもいいが、レースやコンテストで賞をとるくらい真面目に取り組む。野球で結果を残し、ラジコンで日本有数のドライバーになった元中日ドラゴンズの山本昌《やまもとまさ》投手を「かっこいい」と思わない人なんていないだろう。

常連のお客さんが教えてくれること

僕は基本的に、短期的なスパンの損得を考えるよりも、長期的なスパンの損得を大事にしている。即効性のある利益を求めて短期的にたくさんお客さんを増やすことよりも、固定のお客さんにずっと来てもらうのが、最終的に大きな成果を出すことにつながると思うからだ。バスツアーも、開催側からは「新規のお客さんをもっと入れましょう」という声が強い。だが僕は常連さんがいちばん大事だということを訴え続けている。

僕は常連さんのツイッターをチェックして、「あそこちょっとイヤだったな」という意見を探す。常連さんにつまらないと思われるのがいちばんイヤなのだ。売れない頃の、十人くらいしかお客さんが来なかった時代のイベントから参加してくれている人たちもいる。そういう方が希望していることになるべく応えたい。人気者じゃない時期が長かったがために、「こんな俺のために来てくれてるお客さん」がすごく大事なのだ。その常連のお客さんたちは、新しいお客さんに「レイザーラモンRGのイベントの楽しみ方」みたいなものを、なんとなく広めていってくれる。僕のイベントは、その人たちと一緒に育てていると思っている。「修学旅行のつもりでバスツアーするんで、制服着て来てください」と言ったら、本当に着て来てくれる。「バブルのディスコみたいなイベントします」と言ったら、ディスコっぽい格好をして来てくれる。そういうノリのいいお客さんたちと共にこのバスツアーは育ってきた。

僕を使ってみんなが楽しんでくれるバスツアーなのだから、常連さんも僕の作品のひとつだと言ってもいいのかもしれない。このバスツアーでは、常連さんが求めているあるあるは何かを探すことがもっとも大事な仕事だ。常連さんがいちばん喜ぶことは何か。たとえば、いろんなタイプのお客さんにたくさん入ってほしいと考えるのだったら、今売れている人のあるあるを探せばいい。でも僕の常連さんを喜ばせたいと考えると、常連さんに今刺さっている人は誰かとまず考える。それはたとえば「ダイアンの津田《つだ》篤宏《あつひろ》だな」「矢野《やの》・兵動《ひょうどう》の矢野勝也《かつや》さんだな」という選択だったりする。そういうことを常に観察しておくことが大事になってくるのだ。

「常連客」あるある……自分の魅力教えてくれがち。

少数であっても、常連さんが教えてくれることは大きい。なぜなら、常連さんの好みこそが自分自身の客観的な魅力だったりもするのだ。だから常連イコール自分を映す鏡だと思っている。

長く愛されるには

僕のあるあるイベントでのサービス精神は、たぶん大阪時代にアルバイトをしていた、個室でアダルトビデオを鑑賞する店、いわゆる「個室ビデオ店」で培われたのだと思う。当時僕は、芸人の仕事がなさすぎたためシフトに入りすぎ、ほぼその店に住んでいたといっても過言ではなかった。みるみる出世した僕は、バイトながら店長にまで上り詰め、天津の向清太朗《むかいせいたろう》をバイト店員として雇ったりもしていた。ついにAV仕入からすべてを任されていたあの時期、僕は真剣に売上を考えてかなりの本数のAVを観ていたと思う。店長として、その個室ビデオチェーンの店長会議にも出ていた。どうしたら売上が伸びるか。その頃のノウハウがその後に活かされている。

僕が店長だったのは、ちょうどVHSからDVDへ移行する時期で、旧いVHSをどんどん捨てていこうという流れになっていた。だが、僕はそこで異を唱えた。「旧いビデオ観たい人たちいますから！　僕は毎日店にいて、常連の人たちが何を観たいかっていうのがわかっているんです！　旧いこのあたりのラインは、絶対、置いときましょう！」。

「毎日客を観ているお前が言うんやったら、残しとこうか」。信頼されている僕の提案は受け入れられた。それぞれの個室にはアンケート用紙を置いておくのだが、それが返ってくることなど滅多になかった。だが、店長会議で辛くも人気VHS作品の残留を決めてからしばらくしたある日のこと。客が帰った個室に「中学の時に観て以来、ずっと探していた子のAVがありました。本当にありがとうございました」というアンケートの回答が残されていたのだ。それは、僕のなかで大きな出来事だった。

その後、僕があるあるバスツアーなどのイベントを続けてこられたのは、この個室ビデオ店で培われた、常連さんを大事にするという精神によるものが大きい。個室ビデオ店にヌキに来ていたサラリーマンと、あるあるバスツアーに来ているOLさん、その本質は一緒である。

個室ビデオ店は夜の営業が多い。しかも繁華街にある雑居ビルだったので、僕がバイトを始めた頃は酔っ払ってトイレを汚す人も多かった。だが、しだいにお客さんが「何度も来たい」と思うような店になり、常連さんが増えて、自分にとっての〝第二の家〟くらいの愛着が芽生えてきた頃には、みなさんトイレをきれいに使ってくれるようになった。

僕もしだいに常連さんの個々の傾向を理解するようになっていった。回数を重ねると、借りるビデオでその人の趣向がわかってくる。「なるほど、あの人は熟女が好きなんだな」とわかると、熟女モノを多めに仕入れるし、旧い作品はちゃんと置いておく。そうしているうちに、常連さんが、「さっき飲み会があって、お土産にお寿司もらったけど食べる？」なんて言ってくださり、あたたかい交流が生まれ、いつの間にか個室ビデオ店が居酒屋のような場所になっていった。大人になると誰しもなじみの店が欲しいものだが、僕の店はそういう場所になっていたのだ。店を守るためにも、常連に尽くすというのは、すごく大切なことなのだ。その店は、上京する直前まで結局六年くらい働いていた。僕はバイトだったが、月三十万円ぐらい稼いでいた。芸人としての収入は五万円くらいだったが。

「売れ続ける」あるある……常連を大切にしがち。

常連を大事にしすぎると、マーケットがしぼんでいくように思われるかもしれない。

だがＡＶ業界もあるあるも、もともと濃く狭いところなのだ。濃く狭いことを売りにしているのであれば、より常連を大事にしなくてはならないと感じる。僕は、チェーン店で規模を広げて儲けることよりも、店の看板を大切に守ることのほうが大事だと思っている。芸人としての仕事に置き換えると、大きいハコでやりたいのではなく、四百人くらいの席を何十年も埋めていきたい。言ってみれば、京都の老舗《しにせ》みたいな考え方だ。

イベントをたくさんやりすぎると、その常連さんたちに対して、「ごめんな、お金使わせて」と、ちょっと申し訳ない気持ちになる。そんな時は、その人たちが喜びそうなゲストをツイッターで調べ、その人を呼ぶという試みをしたりする。「富山湾産ホタルイカ入荷しました」みたいな感覚と言おうか。

「奇跡」は起きるまで信じる

二〇一三年六月二十二日。あるあるバスツアー最大の奇跡が起こることになる。あれは忘れもしない、富士山の世界遺産登録が決まる日の出来事だった。

僕たちは、三保《みほ》の松原《まつばら》にバスツアーの計画を立てた。目的地、三保の松原は、富士山から少し離れていて、遠すぎるので登録に含めなくていいんじゃないかと言われていたいわく付きの場所。ニュースを見た僕は思った。「三保の松原、かわいそうだ」。

そこで、三保の松原を世界遺産に登録できるよう応援するバスツアー計画をしようと、当時のマネージャーとお笑いナタリーのスタッフさんに持ちかけた。すると、「世界遺産登録の会議が六月二十二日にありますので、その日にバスツアーをぶつけましょう」と、ふたりともノリノリで返してきた。

僕たちは実際に三保の松原へ、三保の松原世界遺産登録のための活動をしている人たちに会いに行った。日本中が無理だと思っているなか、羽衣《はごろも》ホテルの女将《おかみ》さんは、「登録されるまで、私たちはあきらめません」と目から強い光を放ちながら言った。実は僕は、心のなかでは密かに「たぶん、無理だろう」と思っていた。しかし女将はノリノリで、「三保の松原の歌をつくりました」と、自ら作詞作曲した「三保の松原再生音頭」なる曲を僕たちに聴かせてくれた。

「シャシャンガシャシャン」

小気味いい合いの手がやけに耳に残る。「いいですね、これほんと、いいですね」とお世辞を言いながら、バスツアーのお客さんもみんな、おかみ手作りの歌詞カードをお土産にもらって帰った。

世界遺産会議の結果は、バスツアーの帰り道に出るようにスケジューリングしていた。スマホやタブレットでユーストリーム中継の世界遺産会議を観て、お客さんのなかで何人かの英語がわかる人が訳してくれた。そして、皆で富士山の見えるサービスエリアに立ち寄った。ちょうど、富士山の世界遺産登録おめでとうの瞬間を祝うイベントが開催されていた。

「ドンドコドンドコ！」

天皇陛下の前で太鼓を披露したことがあるという人が、ドンドコ太鼓を叩くなか、この日のツアーはそのイベントを観て終わりにしようと考えていた。しばらくして、知らせが入った。

「世界遺産登録に富士山が決まりました」

「どの地域まで含まれるんですか？」僕は通訳をしてくれるお客さんにたずねた。

ちょっと時間が空いた。

「ＲＧさん、ドイツが三保の松原も入れたらどうだと言ってます」

「なに——————!?」

僕を含めたバスツアーのお客さん全員が、固唾《かたず》を呑《の》んでその子の通訳を待つ。

「えーと……マレーシアも『いい』と言ってます」

ざわざわざわ……。こ、これは、ひょっとして、ひょっとするんじゃないか？

そしてまた少し時間が空いた。

「◯◯も、△△も、××も登録したらいいんじゃないかと言ってます！……あっ、三保の松原、入りました!!」。まさかの三保の松原の世界遺産登録！

「ドンドコドンドコ！」と、ひと際大きく太鼓が鳴り響く。「『三保の松原再生音頭』ここで歌いましょう！」と、富士山を前に、さっき女将から教えてもらった「シャシャンガシャン」で始まる「三保の松原再生音頭」を恥じらいながら歌い出すと、なんと、あの天皇陛下の前で太鼓を叩いたという名手が「ドンドコドンカラカッカ」と見事な合わせ方をしてくれてたのだ。それに合わせて、あるあるバスツアーのお客さんの大合唱が響き渡る。さらに太鼓の名手がさまざまなアドリブを入れて盛り上げる。

「こんなことあんの⁉」

女将と一緒に歌いながら、富士山を見上げて僕は泣いた。奇跡のような、そう、まるで「よくできたプロレス」のような一日だった。始まりは完全なハッタリだったのだ。ただただお客さんを集めたいがために、面白いと思ってやり始めたことが、どんどん本当になっていった。プロレスでたとえれば、モメごと自体、実は強引にモメさせたんじゃないかと言う人がいる。だがもしそれがシナリオだったとしても、だんだんそれが本当になっていき、本当に憎み合うし、本当に友情が芽生えるということもある。嘘《うそ》と本当が混じり合ってわからなくなっていくところが、プロレスの魅力だ。

また、このバスツアー自体が、僕のあるあるのスタイルと通じていた。何しろプロレスとあるある、この両者のスタイルが通じているのだ。「三保の松原が世界遺産に登録される」とハッタリをまず掲げて、「どうなる」とみんなで言ってくれてオチがどうなるかわからないけれどもその経過を楽しむ。そしてもし最後、たとえ世界遺産に登録されなかったとしても、すごくいいあるあるが下りてきて、その何かを楽しむ。

その〝とにかく乗っかる〟という精神。「いや、おもろないで」とか、「そんなんありえへんで」とあきらめて、シャッターを下ろさずに、とりあえず乗っかって楽しむという精神。これは全部、プロレスに教わったのだ。

この日のバスツアーで、お客さんたちもどんどん自分から参加して、サービスエリアではバスツアーの参加者以外の人も加わっていって……。あの日、あのツアーに参加していた人たちは全員、この奇跡に酔いしれていた。

「奇跡」あるある……願えばかないがち。

信じないとかなわないことがある。お願いをひとつだけした場合、それがかなう可能性は少ないけれど、むちゃくちゃいっぱい願っていたら、ひとつはかなうかもしれない。だから、たくさんのことを願ったらいいと思う。「あれになりたい」「こうなりたい」をいっぱい言っておく。そこは図々しくていい。そのなかの百分の一がヒットしたらいいじゃないか、と僕は思う。

またまたスポーツのたとえで申し訳ないが、よく打つと言われるイチロー選手だって打率三割台だ。七割は打てない、と考えよう。そして、めちゃくちゃたくさんの願望のなかのひとつがかなったら奇跡と思いたい。

人生はあるあるの宝庫

プロレスは「筋書きがあるんじゃないか」などと言われることが多い。だが結局リングの上では、その人が今まで生きてきた人生がいちばん出る。ロープに振られて返ってくるとか、受け身を取るとか、そんな細かい一挙手一投足で、その人が今までどういうレスリングをやってきたかがわかってしまう。本当にうまい人たちは、初対面の状態でリングに上がっても、体で次々とプロレスを組み立てていける。だから、積み上げてきた基礎を即興にうまく活かせるというのが、最強なのだ。

お笑いもプロレスと一緒だ。普段の鍛練がここ一番の試合で出る。そういう瞬間は、お笑いでも感動すらもたらす。おぎやはぎさんが司会をするテレビ東京系の番組『ゴッドタン』に、歌自慢の芸人が「歌芸」を競う「歌うま選手権」というコーナーがある。フットボールアワーの後藤輝基《ごとうてるもと》さんや東京03の角田晃広《かくたあきひろ》さんの本気《マジ》ギターや、マキタスポーツさんのビジュアル系バンドなど、本気で音楽をやってきた芸人たちが本気で演奏し笑いをとる人気企画だ。

このコーナーで、ダイノジさんは大地洋輔《おおちようすけ》さんひとりがラッパーになってネタをやっていた。だがある時から、大地さんのネタに、相方の大谷《おおたに》ノブ彦《ひこ》さんが普段から実際に仕事でもやられているおしゃれラジオＤＪ役を熱演し絡んでいくことを始めたのだ。大谷さんは普段からたびたび「もう芸人というよりラジオＤＪだよね」とイジられていた。面白いを通りすぎて「すげぇ！」と感激した。

「人生の伏線」あるある……回収した時感激しがち。

前田日明《まえだあきら》さんが、『紙のプロレス』というプロレス雑誌で言っていた言葉がある。「『感動する』というのは、心が動くことでしかない。感激というのはそれよりさらに上、心が激動することだから、感激させることをせなあかん」。まさにこの時のダイノジさんはそれだった。そういう意味で、いいネタというのは、その人の人生の伏線がきちんと回収できているネタなんじゃないかと思う。

レイザーラモンも、コンビとしても、ピンとしても、実力で笑いを取りたいという気持ちはずっとあった。ネタで笑いを取りたかった。芸人になった当初はネタコンプレックスをいちばん強く感じていた。バッファロー軍団にいるからには、ネタで、大喜利で、トークで、いわゆるお笑いの基本的な部分で何かを残したいという気持ちが強かった。

しかし徐々にHGだけが忙しくなり、ネタを作ろうにもそれどころじゃない。コンビとしての距離は開き、レイザーラモンは、このままピン同士で行くのかなという覚悟も少しあった。とはいえピンでやろうにもスベッてしまう。モノマネも似ていない。プロレスでも、僕はやられまくるスタイルだった。自分ひとりでは何もできない。受けに行くというか、より巻き込まれに行くというスタイル。

だがコンビとしての転機がやってきた。二〇一二年、大阪時代に後輩芸人だった僕たちの構成作家と、当時のマネージャーに僕だけ呼び出された。そして、「レイザーラモン、コンビでネタしませんか?」と突然かなり真面目に迫られたのだ。「あんなにネタ面白かったのに、やらないのはもったいないです。漫才やりましょう」。僕のなかでも、漫才師へのあこがれはずっとあった。そこで久々にHGに「漫才しよう」と持ちかけた。だが、HGは冷静に「いや、漫才ムリやって、俺ら」と即答した。

HGの気持ちもわかる。そんなに簡単に漫才はできない。すごい漫才を身近で観てきただけに、漫才へのリスペクトがあるからこその言葉だった。しかしそこから僕はHGを説得した。「今までのレイザーラモンの歴史、HGがガーッといって、RGがあるあるを始めたっていうことを漫才にしたらいいんじゃないの?」「まず、やってみよう」。こうしてHGを説得し、練習しているうちに、がぜん漫才が楽しくなった。

まずふたりで話し合って一緒に経験したことをベースにして、「あれおもろかったな」というところから、ふたりのあるあるを膨らませていく。だから僕らのネタには、HGの一世《いっせい》を風靡《ふうび》したギャグ「フォー」もふんだんに出てくる。「フォー」も我々にとっては貴重な財産だ。もともと僕らのコンビ仲は悪くなかった。だが、それぞれピンとしての活動が増えるなかで次第に距離感が生まれた。しかし漫才を始めてからは、「とにかくウケたい、勝ちたい」という同じ目標ができ、昔のように同志という感覚が戻った。

そして漫才を作るにあたっても、あるあるをずっとやっていたことで、いつの間にか、自分なりの作り方みたいなものがわかってきた。漫才も、いわばあるあるの集大成で、ここで言う言葉がちょっとでもズレたらウケないとか、あるあるを積み重ねる感覚で作るようになった。技術的な面でも、人生の面でも、伏線が回収されていく感覚があった。本格的に漫才を始めた二〇一二年の冬、『THE MANZAI』の最終選考五十組に残り、漫才への自信がついたレイザーラモンは、漫才ライブを重ね、二〇一三年の冬、『THE MANZAI』の決勝に進出したのだ。

「あるある」のあるあるある

たとえば鳥は、タカやワシ、ホトトギスやハト、カラスなどたくさん種類があるが、それらはすべて一億五千万年前頃のジュラ紀後期に存在した「始祖鳥」から出発していて、生きていく環境に合わせてだんだん多様化、進化していったのだという説がある。

僕は、人間もこの鳥の進化と同じように、それぞれその場所に適合して暮らせばいいと思う。山奥に行って、ホトトギスになる。都会に住んでカラスという手もある。それぞれの得意な場所に応じたエキスパートになることで、鳥的進化を遂げることが大事かもしれない。自分が置かれた場所のあるあるを極めることによって、その地に適した鳥となれ、ということだ。

ブッダやイエス・キリストやギリシャの哲学者たちは「人間」あるあるに全部気づいていた。その時代から人は変わっていないということだ。人間には、「もっと楽したい。もっと金儲けしたい」という煩悩がある。それが人間の本当のあるあるかもしれない。性格や生きてきた環境、さらには、癖、遺伝、そんなものをひっくるめてあるあるだと思うのだが、我々はそれを恥ずかしいと思ったり、自分の理想より劣っていたりすると、「これはあるあるじゃない」と思おうとする。ちょっと伸びてきた若手がテレビに出始めると、今まで一緒に劇場に出ていた芸人に妬まれたりすることがある。そういう「お前だけ充実しやがって」という妬みみたいなものを人間は繰り返している。

これはもはや「人間」あるあるだ。それが「人間」あるあるだということを皆が理解すれば、世の中はもう少し平和になるかもしれない。「あかん、あかん。今、俺、『人間』あるあるが出てる！　かっこ悪いことになってるぞ」と。

一九八七年、天龍さんは所属していた全日本プロレスが「ぬるま湯」状態に陥っていたことに危機を感じていた。そこで、盟友、阿修羅《あしゅら》・原《はら》さんと、どんな地方の会場でも、小さい会場でも全力でファイトするスタイルを確立した。見たこともない技をどんどん繰り出すことで、口コミで「今の全日本プロレスはすごいよ」と広まっていったのだ。いわゆる「天龍革命」である。特に元横綱の輪島大士《わじまひろし》選手の顔面を蹴ったりする攻撃はすごかったが、逆に横綱の頑丈さを世に知らしめ、そして本気を出したらいかにすごいかを天龍さんが引き出したのだ。

あいつは今すごいらしいよ、と口コミで広がり、後から仕事が来る。そして誰かの思いもよらなかった長所をも引き出す。だから人としてのあるあるをちゃんと行えば、さらに人としてのあるあるを知ることができ、よりステージが上がっていくのではないかと思うのだ。

最後に、調子に乗った人から、このお題はセンスあるでしょ？　と言わんばかりに「あるあるのあるある」をお願いします、ということをよく言われる。それについて、僕はずっと考えていて、でもいまだに解けていない。でも、それが解けないから僕は一生あるあるを言い続ける。そして、遺言としてあるあるのあるあるを発表しようと思う。きっとひとつだけあるはずだ。

「あるある」のあるある……一生探しがち。

力士に「あなたにとって相撲って何ですか？」とかＮＢＡの選手に「あなたにとってバスケとは？」とか、サッカー選手に「あなたにとってサッカーとは？」とか、インタビューの最後に質問しがちだが、そんなの一言で表せるわけがない。皆さん絞り出しているが納得はいっていないはず。だから僕はあるあるのあるあるを一生かけて探します。すなわち、人生そのものがあるあるなのです。

あるあるを見つける。ただそれだけでいい。決して難しいことではない。誰にでもできる。どんな社会にも、どんな人間にもあるあるがある。ひとつだけでも見つけることができれば、それをきっかけに打ち解けられ、その場所は愛すべき居心地のいい場所になる。居心地がよければさらにあるあるの精度が高まり、交流も広がる。あるあるを見つけることは自分の周りのすべてを、そして自分自身を愛することなのだ。

終章
サバイバルの果てに

僕は長い間、出身地を聞かれると、「愛媛県です」と答えてきた。だが僕の生まれは熊本県だ。小学校四年生の時に急に引っ越してしまい、熊本の祖父母も早くに亡くなってしまったのですっかり行かなくなり、同級生とも全然連絡を取っていなかった。自分のなかで熊本を封印していた。

その理由のひとつは、単純に説明するのが面倒だったから。小四で愛媛に転校して、予備校から京都、芸人になって大阪、さらに今は東京と、転々としてきたので説明がややこしいのだ。それに小中高を過ごした愛媛を出身と言っても間違いではない。

もうひとつは、幼い頃の熊本の記憶が灰色だったからかもしれない。幼児期には神童と言われた僕が、小二の時頭をぶつけてから「できる子」ではなくなった。その時代を封印したかった。

もともと僕は、そんなに郷土愛の強いほうではなかった。来た道を振り返るよりも、早く世に出たいという想いが強かった。そうやってずっと親や旧い友人をだいぶ犠牲にしてきた。それほど、僕は長いあいだ故郷を振り返る余裕がなかった。

そしてずっと東京にあこがれていた。毎日のように東京の舞台でネタをやり、仕事で日本中を廻《まわ》る、そんなふうに芸人としての日常を当たり前のように送ることができる芸人がものすごくうらやましかった。そして長い時間をかけてようやく僕は、ヒール（嫌われ役）を演じることで世に出た。かっこいいやり方ではなかった。周りの人に「HGに対抗するRG」としてイジられるなかで、「そんなんちゃう」「イジられたくない」という気持ちもたしかにあった。しかし、そうやってカッコつけた人が落ちていくのを何人も見てきていた。「俺が今求められているのは、嫌われることだ」と思って、一生懸命ヒールを演じ、どんなムチャぶりにも応え、鎧《よろい》を着てサバイバルしてきた。「嫌われる」という役を演じることで、自分の存在を世にアピールすることができたと思っていた。

しかし、ようやくつかみ取ったキャラクターは、本当に世の中のいろんな人に嫌われていたことに気がついた。特に地方の人は、「スベりキャラ」のよさや、僕の芸人としての役割をわかって楽しむという見方はしない。勝者と敗者という見方をする。だから地方に行けば僕はやっぱり敗者だった。敗者として故郷と関わるのは嫌だった。気がつけば、自分のなかのふるさとは「お笑い業界」と大学のプロレス業界という状態になっていた。大阪時代から知っているバッファロー吾郎さんやケンドーコバヤシさんといった方々、東京の椿鬼奴たちが、僕を優しく包み込んでくれた。

東京は厳しいところだと思っていたら、いつの間にか優しい場所になっていて、故郷は自分のホームだと思っていたら、いつの間にか自分には厳しい場所になっていた。〝ヒールとしてのRG〟からの挽回《ばんかい》を図っていた二〇〇五年から二〇一〇年くらいまでが、いちばん故郷を振り返ることができなかった時期だった。「名をなすまではお前らとは会えん」みたいな姿勢だった。ずっと会っていない友達のことは、「今何してるんだろなあ」とフェイスブックでものすごく探したりしていた。

だが、ある日親から「あんたのサインちょうだいって言われたよ」と連絡が来た。そういう機会が増すごとに、故郷への「今に見てろよ」というひとり勝手に育てた憎しみが徐々に溶けてきた気がする。そして二〇一〇年代に入ってようやく本格的に世に出始め、後ろを振り向く余裕が出てきた。

また大人になり、僕は熊本が大好きな嫁と出会った。困っている人が熊本出身だと知ったらお金を貸してしまうんじゃないかというくらい、嫁は熊本出身者に甘い。僕と大阪で出会った時も、外国で日本人同士が結婚するみたいな感じだったのだと思う。どこの出身でも地元が同じだと盛り上がるものだが、特に九州は結びつきが強い気がする。嫁と結婚してから、僕はしょっちゅう熊本に帰るようになった。そして気づいたら、どんどん熊本への愛着が湧いていた。

しかしオフィシャルにはずっと僕のプロフィールは「愛媛県出身」のままだった。二〇一〇年七月八日のテレビ朝日『アメトーーク！』「RG同好会」企画でプロフィール年表を紹介してもらった時、ついに「熊本県出身」ということがオープンになった。「あれ？　RGはずっと愛媛県出身って言ってなかったっけ……」と、ザワザワするなかのひとりに、ずっと「愛媛県出身」として一緒にさまざまな愛媛県関連イベントに出ていた生粋《きっすい》の愛媛県人・友近もいた。「ごめん、俺、熊本やねん」という僕の告白に、友近はショックを受けていた。

だがそれを機に、僕は熊本を背負っていこうと覚悟を決めた。そしてまず「愛媛県出身」と書かれていたウィキペディアを、自ら「熊本県上益城郡田佐町」と密かに書き換えた。「受け入れてもらえますか？」という恐る恐るの低姿勢から。そうこうするうちに、徐々に熊本での仕事が増えていった。熊本の温泉地を盛り上げる観光大使にも選ばれた。「プロモーション」と「風呂」をかけた「ふろモーション課」で「くまモンの下で働く」という設定のもと、大分県の別府温泉の「地獄めぐり」に対抗して「くまもとのぼせモン天国」と銘打ち、温泉でのマナーVTRを収録するというプロモーション活動を行なったりした。

テレビの熊本ロケも増えた。それもなんと、愛媛県人・友近と一緒に。実は友近のお姉さんが結婚して熊本に引っ越し、たびたび熊本を訪れるうちに、熊本が大好きになったという。僕たちは再び熊本で出会ったのだ。これも熊本の郷土愛の強さが引きつけたのかもしれない。そんなふうに、ずっと距離の取り方のわからなかった熊本と、ようやく肩肘張らずにいい関係を築けそうになっていた矢先の出来事だった。

二〇一六年四月十二日、熊本地震が起きた。奇《く》しくもその前日、僕は熊本にいた。テレビ熊本の人気ローカル情報番組『英太郎のかたらんね』の収録をしていたのだ。小学生にあるあるを教えるという企画だった。しかも収録のあと、僕はすぐに飛行機に乗らなくてはならなかったため、ロケ先をわざわざ熊本空港に近い小学校にしてもらっていた。それは、熊本地震の震源地である、益城町のすぐ隣、西原村《にしはら》にある村立河原《かわはら》小学校だった。僕は子どもたちと一緒にあるあるを考え、みんなでワイワイ言いながら給食を食べた。地震が起きたのはその翌日のことだった。

地震のニュースを知った時、真っ先に「あの子たち大丈夫だったかな?」と気になった。少しして、みんな幸い無事だったことを知った。しかも小学校は避難所になって炊き出しの会場になり、子どもたちは住民を助けているようだった。

小学生の頃から僕は、「熊本城は日本の城のなかでもいちばんかっこいいぞ」という誇りを持っていた。特にその堅牢《けんろう》な城壁はこの城のシンボルでもある。だからこの地震でボロボロになっていた城壁を見た時、ものすごく胸が痛かった。「すぐに駆けつけたい」と思いはあふれるが、余震はひっきりなしに起こり、震源に近い熊本空港は閉鎖されている。新幹線も不通だ。

SMAPの中居正広《なかいまさひろ》さんをはじめ、芸能人の方々も次々に炊き出しに訪れていた。

「あんな大物に先に行かれて、しかも俺は芸人だし、行っても大した力にはならない」。中居さんは、完全な勝者。やっぱり芸人は、こういう時に位置が低いのかなと思ってしまう。SNSで「うちはRGしか来なかった」とか書かれたらどうしようと不安になった。いろんな芸能人が「熊本頑張れ」というコメントを出すなかで、ツイッターのあるあるもどう書いたらいいか考えあぐねていた。東日本大震災の時は、まず僕のライブに来てくれて帰れなくなったお客さんのためにつぶやくというように、相手が個に向かってはっきりしていた。だが今回はその相手が故郷の人々という広い相手になった。

その後、熊本城は加藤清正《かとうきよまさ》公が建てた箇所は崩れていなかったことがわかった。清正公は、江戸時代からずっと熊本の英雄だ。洪水が多い熊本を救った土木の神様と言われ、今の熊本を形づくった人物だ。地震のあと、SNSで何か励ましたいけれど、どうしたらいいだろうと悩んでいた僕は、その記事を見つけた時奮い立った。

「今も清正公が守る熊本は負けない!」

このツイートは多くのリツイートをされて話題になり、スポーツ新聞にも取り上げられた。だがこの後、二回目の地震が来たのだ。

無力感をかみしめていた頃、芸人にも募金活動を始めた人々がいた。

それは「一発屋軍団」。この災害を右から左へ受け流さなかったムーディ勝山《かつやま》が中心となり、HG、大西《おおにし》ライオンらが新宿の街頭で声を張り上げていたのだ。

そんな彼らの行動に心を動かされたルミネtheよしもとの社員たちが、本格的に劇場での募金活動を始めた。そこに僕も含め他の芸人も加わり、僕は熊本出身ということで、記者会見に臨むことになった。どんどん熊本への思い入れが強くなってきていた矢先の地震だったせいもある。マイクを向けられた瞬間、小四の頃から寸断されたままの同級生のことや、ロケで出会った小学生のこと、子どもの頃の思い出の場所など、いろんな想いが一気に溢れてきた。気づいたら涙がポロポロこぼれていた。自分の無力さがとにかく悔しかった。この時わかったあるある。

「涙」あるある……悔しい時いちばん出がち。

そうやって、「俺は何をしたらいいんだろう」という気持ちで悶々《もんもん》としていたところ、親しくしていたバイク雑誌『ゴーグル』の九州出身の編集者に声をかけられた。

「九州の観光客がすごく減っているのでなんとかしたい。夏は九州に行ってお金を落とせというキャンペーンをしたい」

もちろんふたつ返事で引き受けた。企画は阿蘇《あそ》にツーリングに行くというものだった。現地の人に聞いたところ、「走っても大丈夫な道もあるのに風評被害で阿蘇は全部ダメだと思われている。だから、もっとどんどん熊本に来てほしい」ということだった。こういうことを伝えることが、自分が今できることなのかなと思った。しかしその後も、甲佐町が水害に遭ったり、熊本をめぐる感情は何度も上に下に揺さぶられた。

東日本大震災の時は仕事がないが時間はあるという、捨て身の強さだった。武器はあるあるだけ。だが今は守るものができたから、すごく戦い方が難しくなった。余裕ができたぶん、新たなステージに入った感覚がある。その時に向き合っているのが、窮地に追い込まれた、自分の生まれたところだったのだ。

「故郷」あるある……何かが生まれがち。

故郷の定義はさまざまだ。生まれたところだけではない。小学校、部活、サークル、職業、それぞれが故郷なのだ。その故郷で毎回僕はゼロからやり直している。つまり、そこで毎回生まれている。

たくさん鎧を着ていたが、それを脱いだ時、ようやく僕はフラットな状態で故郷と向き合うことができるようになった。

自分の人生は順風満帆ではなかった。そして、世の中の多くの人もきっとそうだ。僕はどん底にいた時、「これをやるとうまくいきがち」「あれをやると失敗しがち」と、あるあるのデータをたくさん取ってきた。今が人生のどん底だと思っているなら喜んでいい。今こそあるあるをたくさん見つけるチャンスだ。そこで見つけたものは、必ず後から自分を助けてくれる。あるあるとはデータであり知識であり経験だ。

僕は今、ただひたすら「あるある」をやり続けようと思う。そこにもう迷いはない。腹がよじれるくらい人を笑わせるのは他の方がやってくれる。どこかで誰かが僕の「あるある」でクスッと笑ってくれればそれでいい。あるあるは誰でも手に入れることができる武器だ。身のまわりのあるあるを見つけてほしい。そうすれば、毎日少しずつ、辛いことや悲しいことより笑っている時間が増えていくはずだ。

構成／清田麻衣子
撮影／石野千尋

引用文献

俵万智『サラダ記念日』河出文庫

引用曲

山崎まさよし『One more time,One more chance』作詞・作曲：山崎将義
椎名林檎『罪と罰』作詞・作曲：椎名林檎
aiko『カブトムシ』作詞・作曲：aiko
相川七瀬『夢見る少女じゃいられない』作詞・作曲：織田哲郎
B'z『ZERO』作詞：稲葉浩志／作曲：松本孝弘

レイザーラモンRG［れいざーらもん・あーるじー］

1974年、熊本県上益城郡甲佐町生まれ。愛媛県八幡浜市で10歳から18歳まで過ごす。立命館大学経済学部在学中に学生プロレスで後の相方、住谷正樹と出会い、97年10月に〝レイザーラモン〟を結成。卒業後にサラリーマンとして働いた後、お笑い芸人に転身する。吉本新喜劇などで徐々に頭角を現し、相方のHGのブレイクを機に東京へ進出。誰もが知っているヒット曲に乗せた〝あるある〟などで人気を博す。著書に『レイザーラモンRGの洋楽あるあるある』（竹書房）がある。

編集：森山裕之（スタンド！ブックス）
井澤元清（よしもとクリエイティブ・エージェンシー）
榊田一也（小学館）

人生はあるあるである

二〇一六年 十月八日 初版第一刷発行

著者 レイザーラモンRG
発行人 菅原朝也
発行所 株式会社小学館
〒一〇一－八〇〇一 東京都千代田区一ツ橋二ノ三ノ一
電話 編集：〇三－三二三〇－五一四一
販売：〇三－五二八一－三五五五
印刷・製本 中央精版印刷株式会社

Printed in Japan ISBN978-4-09-823504-9